A Falha Humana nos Acidentes de Trânsito

Musa escola
cultura de volta à educação
volume 2

Dados Internacionais de Catalogação na Publicação
(CIP)
(Câmara Brasileira do Livro, SP, Brasil)

Bittencourt de Fernández, Alice Beatriz
  A Falha humana nos acidentes de trânsito / Alice Beatriz Bittencourt de Fernández. – São Paulo : Musa Editora, 1999.

  Bibliografia.
  ISBN 85-85653-43-4

  1. Acidentes de trânsito – Responsabilidade – Brasil 2. Conscientização 3. Trânsito – Leis e legislação – Brasil 4. Trânsito – Segurança – Estudo e ensino 5. Violência no trânsito – Brasil I. Título.

99-2904   CDD-363.1251

Índices para catálogo sistemático:

1. Acidentes de trânsito : Falhas humanas : Problemas sociais   363.1251
2. Falhas humanas : Acidentes de trânsito : Prblemas sociais   363.1251

Alice Beatriz Bittencourt de Fernández

A Falha Humana nos Acidentes de Trânsito

EDITORA

© Alice Beatriz Bittencourt de Fernández, 1999

Capa: *Musa Editora sobre* A Melancolia (detalhe), de *Domenico Feti (1589-1624), Museu do Louvre.*
Revisão: *Ceila Maria Puia Ferreira*
Editoração eletrônica: *Eiko Luciana Matsuura*
Fotolito: *Laserprint*

Todos os direitos reservados.

MUSA EDITORA

Rua Monte Alegre, 1276
05014-001 São Paulo SP

Telefax: (011) 3871 5580
(011) 3862 2586

e-mail: musaeditora@uol.com.br

Impresso no Brasil • 1999• (1ª ed.)

In memoriam

Ao meu querido e amado filho Leonardo, que a violência do trânsito retirou de nosso convívio e nos fez hospedeiros da dor;

Ao meu sobrinho Leandro, vítima do mesmo acidente e igualmente querido;

Às demais vítimas da tragédia do dia 16-7-93, Via Dutra.

Sumário

Apresentação 9
Poema-legal 11
Introdução 13
EDUCAÇÃO E TRÂNSITO 17
A Realidade do Trânsito Brasileiro 19
O Novo Código de Trânsito Brasileiro — CTB 23
Atropelamento Paralelo 27
Plenamente Humano 29
Cortando o Mal pela Raiz 33
Anjo Moreno 37
TEXTOS PARA REFLEXÃO 39
O Cidadão e o Trânsito 41
Mudança de Hábito 43
Horas Azuis 45
Rumo à Universidade 47
Insensatez 49
Motorista Carnavalesco 51
O Pedestre e o Trânsito 53
O Pedestre e o Ciclista 55
Que Situação! 57
Devagar, se tem pressa 59
O Direito ao Conhecimento 61
Manobra Radical 63
Portão de Escola 65
Transformação 67
Irresponsabilidade 69
O "Blecaute" 71
Sugestões para Atividades 73
Palavras Finais 75
Referências Bibliográficas 77

Apresentação

O professor precisa atuar com maior participação no processo educativo. Foi o que fez a professora Alice Beatriz. Criou uma proposta metodológica, para trabalhar o tema A Falha Humana nos Acidentes de Trânsito, *nascida do afetivo e da urgência de a escola assumir a "Educação para o Trânsito". Tratou o tema com o rigor que a legislação exige, fazendo sobressair de maneira criativa a dimensão humana.*

É um aprendizado de conteúdo, principalmente, atitudinal, que envolve valores e normas. Enquanto atitude é a tendência de atuar de acordo com valores, como a necessidade de convivência com um trânsito organizado e menos violento, norma se refere a padrões de comportamentos obrigatórios a todos os cidadãos.

Trata-se de uma obra apropriada à época, porque iniciativas importantes estão sendo implantadas no Sistema de Trânsito Brasileiro, buscando-se transformações nos níveis de segurança das ruas e estradas, onde os números de acidentes impressionam.

Um aspecto inovador que vejo na proposta deste conteúdo complexo é o estudo por meio da "Solução de Problemas", ou seja, "Estudo de Caso". É um processo construtivista, porque o aluno é o protagonista do processo da aprendizagem significativa e funcional. Ele irá resolver situações interessantes e reais. As informações dos textos básicos e a comparação com a legislação orientarão os argumentos que são necessários, a fim de se construir o conhecimento, provocando a atividade intelectual do aluno. As relações que este estabelece permitem ao professor avaliar o processo e intervir, quando necessário. O aprender a aprender é um dos fatores que evidencia nessa seqüência programada, formando-se atitudes e habilidades indispensáveis ao cidadão.

A professora Alice Beatriz oferece e assume com o professor a responsabilidade de proporcionar ao aluno o convívio com experiências humanas de perdas no trânsito. Ao mesmo tempo, convida o leitor à mudança de atitude a partir da reflexão.

Eu me uno às esperanças da autora de que este livro atinja as pessoas sensibilizando-as no sentido de educarem-se para uma convivência humana e saudável no trânsito.

Maria Christina Abrahão
Mestre em Educação

A Falha Humana nos Acidentes de Trânsito

Poema-legal

Alice Beatriz Bittencourt de Fernández

Leis,
Decretos,
Pareceres
compõem a legislação.
Tantas normas,
tanto zelo
pela nossa educação!

Legal!
Seria ideal se não houvessem os incisos,
se extinguissem as alíneas,
se desaparecessem os parágrafos,
e fortalecessem um só artigo.

Que este tivesse a força imperativa
de um Decreto-Lei,
a preocupação de uma Deliberação,
com *caput* bem evidente,

Alice Beatriz Bittencourt de Fernández

para que ninguém se esquecesse
de que apenas um artigo,
um, somente,
bastaria pra fazer feliz toda gente:
O ser humano, cidadão do mundo,
tem o direito inalienável de viver dignamente.

Cumpra-se.

Introdução

Neste conjunto de textos, não pretendo elaborar um tratado sobre o trânsito, nem mesmo tenho autoridade para ditar normas, regras ou leis relativas ao assunto, o que é da alçada do poder legislativo e dos especialistas de trânsito.

O objetivo é suscitar no cidadão, em especial no adolescente, uma consciência crítico-reflexiva sobre a violência no trânsito, na tentativa de minimizar o trágico e maximizar a segurança, o respeito à própria vida e à dos outros.

Por que se destina, em especial, ao adolescente? É, justamente, dedicado a essa faixa etária porque é nela que se concentram os debutantes do volante, *os meninos de rua*, motorizados, é claro. Longe de se confundir com os *meninos de rua* sem-teto, sem-alimentação, sem-família, sem-saúde, sem-educação, sem-poder, sem-horizonte... Em geral, *os meninos de rua motorizados* identificam-se pelo *com* ao invés do *sem*.

Para tal, serão analisados textos elaborados a partir de situações ocorridas no cotidiano do trânsito e veiculadas por jornais, revistas, rádios, TV e, principalmente, contadas por pessoas que, de alguma forma, foram personagens no enredo.

O nome das pessoas e os locais de ocorrência das situações são fictícios. *Qualquer semelhança é mera coincidência.*

Não se pretende exaltar o sentimento mórbido contido nos fatos, mas evidenciar os aspectos passíveis de serem eliminados por uma educação eficiente. Uma educação integral, que não privilegie somente o aspecto cognitivo, porém contemple também a afetividade, os sentimentos humanos tão aviltados em nossa sociedade.

A análise dos textos será feita tendo como base o novo *Código de Trânsito Brasileiro*, CTB Lei nº 9.503 de 23 de setembro de 1997, que entrou em vigor no dia 23 de janeiro de 1998 e dispõe sobre os direitos e deveres dos condutores de veículos motorizados, ciclistas e pedestres.

O novo *Código de Trânsito Brasileiro* traz inovações, contudo mantém muitas regras do antigo *Código Nacional de Trânsito* – CNT (1966). No entanto, é mais rigoroso e mais abrangente. Engloba responsabilidades e direitos para os pedestres, ciclistas e motoristas com punições pesadas para os crimes de trânsito e por infrações cometidas.

Ao colocar o CTB – Capítulo XV – Das infrações – para ser consultado, a intenção é que todos tenham acesso a esse instrumento legal que disciplina o trânsito. É de se esperar que pelo menos na parte diretamente ligada às falhas dos motoristas, ciclistas e pedestres, esse documento não fique arquivado ou decorando estantes. Muito menos que seja memorizado por aqueles que se candidatam a uma Carteira de Habilitação e depois o esquecem.

É um instrumento legal que todo cidadão deve conhecer e pautar seu comportamento conforme os dispositivos nele contidos.

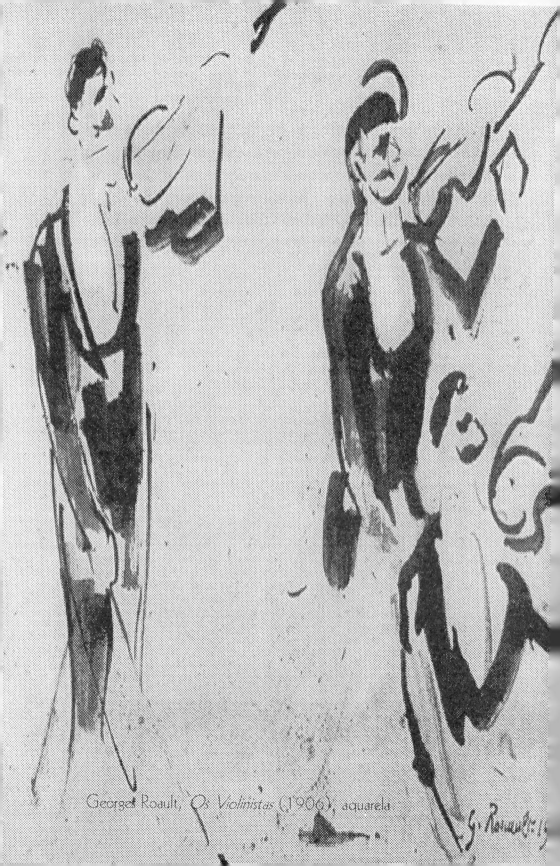

Georges Rouault, *Os Violinistas* (1906), aquarela

Educação e Trânsito

A Falha Humana nos Acidentes de Trânsito

A Realidade do Trânsito Brasileiro

"A morte em mão única: acidentes de trânsito matam, aleijam, ferem e não saem de uma trágica rotina dos brasileiros."

Manchetes, como essa, têm ocupado o espaço de muitos jornais em nosso país.

Os dados estatísticos que acompanham os vários artigos confirmam a liderança mundial do Brasil em acidentes, com 45 mil mortos, mais de 350 mil feridos e um milhão de acidentes anuais (Ministério dos Transportes).

No entanto, a Associação Brasileira de Normas Técnicas – ABNT garante que essa não é a realidade e insiste em que os estragos são bem maiores. De acordo com a ABNT esses dados conflitantes podem ter origem na falta de controle de informações dos Estados sobre acidentes e acidentados.

Recentemente, o Ministério da Justiça, através do Departamento de Polícia Rodoviária Federal, informou sobre os Acidentes de Trânsito nas rodovias federais policiadas:

De 1992 a 1998

Ano	Nº de acidentes	Feridos	Mortos
1992	66.148	40.221	5.840
1993	68.930	42.877	6.310
1994	77.820	47.924	6.759
1995	95.662	55.722	7.082
1996	115.313	62.765	7.886
1997	126.126	66.513	7.789
1998	120.594	60.358	6.801

Pode-se constatar que em 1998 houve redução de 12,68% no número de vítimas fatais em relação ao ano de 1997. Presume-se que esta queda seja devida à entrada em vigor do novo *Código de Trânsito Brasileiro* em 23-1-98.

No entanto, neste quadro acima, só estão computados os acidentes ocorridos nas rodovias federais policiadas. Não constam os acidentes ocorridos nas vias urbanas, rurais e demais estradas.

Os dados estatísticos que transformam as pessoas em números podem não ser significativos para os que nada perderam na violência do trânsito, mas enchem de tristeza profunda aqueles que vêem, na unidade de cada um deles, um ser querido. Como a frieza de uma lápide, lá estão representadas por números as pessoas que o trânsito irresponsável tirou de nosso convívio.

A sociedade não pode aceitar esta situação como fatalidade. *Deus sabe o que faz*, não pode continuar sendo uma frase de condolências para uma família traumatizada pela dor. As falhas humanas no trânsito precisam ser evitadas.

O Novo Código de Trânsito Brasileiro – CTB

A Lei nº 9.503 de 23 de setembro de 1997, publicada em 24-9-97 no *Diário Oficial da União* – DOU, instituiu o novo *Código de Trânsito Brasileiro* – CTB.

O CTB possui 341 artigos com 76 ainda não regulamentados distribuídos em 20 capítulos:

I. DISPOSIÇÕES PRELIMINARES
II. DO SISTEMA NACIONAL DE TRÂNSITO
III. DAS NORMAS GERAIS DE CIRCULAÇÃO E CONDUTA
IV. DOS PEDESTRES E CONDUTORES DE VEÍCULOS NÃO MOTORIZADOS
V. DO CIDADÃO
VI. DA EDUCAÇÃO PARA O TRÂNSITO
VII. DA SINALIZAÇÃO DE TRÂNSITO
VIII. DA ENGENHARIA DE TRÁFEGO, DA OPERAÇÃO, DA FISCALIZAÇÃO E DO POLICIAMENTO DE TRÂNSITO
XIX. DOS VEÍCULOS

X. DOS VEÍCULOS EM CIRCULAÇÃO INTERNACIONAL
XI. DO REGISTRO DE VEÍCULOS
XII. DO LICENCIAMENTO
XIII. DA CONDUÇÃO DE ESCOLARES
XIV. DA HABILITAÇÃO
XV. DAS INFRAÇÕES
XVI. DAS PENALIDADES
XVII. DAS MEDIDAS ADMINISTRATIVAS
XVIII. DO PROCESSAMENTO ADMINISTRATIVO
XIX. DOS CRIMES DE TRÂNSITO
XX. DAS DISPOSIÇÕES FINAIS E TRANSITÓRIAS

Está anexo o Capítulo XV – DAS INFRAÇÕES, que será utilizado na análise dos textos propostos para reflexão. Também, com a mesma finalidade, foram selecionados alguns artigos do CTB referentes a pedestres e veículos não motorizados, no caso a bicicleta (Anexo II).

O novo *Código de Trânsito Brasileiro* veio para acabar com a violência, a selvageria, a impunidade, a indisciplina e a irresponsabilidade que imperam nas ruas, estradas e rodovias brasileiras.

Rigorosamente punitivo ele deve ser conhecido e respeitado por todos os cidadãos. A vida dos condutores, conduzidos e pedestres precisa ser valorizada.

Daí a necessidade de uma educação para o trânsito capaz de mudar a mentalidade do motorista e dos demais indivíduos nele envolvidos, transformando os maus hábitos, crônicos no motorista brasileiro, em atitudes racionais, responsáveis, enfim, educadas.

O respeito à lei é fundamental e só quem a conhece respeita.

A causa da tragédia no trânsito não é só por falta de lei, mas de quem faça cumpri-la. A impunidade é um vício nacional extensivo a todas as atividades em que, por falta de ação reparadora e por frouxidão moral, as vítimas são relegadas à solidão de seu sofrimento. Jornal do Brasil, 27-2-98, p.8 e 30-3-98, p.8.

A Falha Humana nos Acidentes de Trânsito

Atropelamento Paralelo

Sempre achamos que os acidentes de trânsito acontecem com os outros: vizinhos, parentes de nossos amigos, desconhecidos. Conosco não, estamos fora. Engano total!

As notícias sobre acidentes são transmitidas diariamente pela *mídia* e só conseguimos avaliar a dor e o sofrimento dos que ficam quando somos as *vítimas do trânsito*.

A máquina, inescrupulosamente dirigida, ceifa vidas de forma prematura e abala os sentimentos mais profundos do ser humano. Ninguém que tenha passado por uma situação de perda de um membro da família ou de uma pessoa muito querida consegue se reestruturar totalmente. Nunca será a mesma pessoa. A vida perde o sentido. Os sentimentos também são atropelados.

Esse *acidente paralelo* que arrasa o componente emocional-afetivo das pessoas que sobrevivem, que as fazem incompletas, órfãs de filhos, de pais, de irmãos, de esposo e amigos, em grande parte, poderia ser evitado ou drasticamente diminuído.

Acredito, sem excesso de idealismo ou romantismo, que pode haver solução. Não podemos ficar à mercê de irresponsáveis. É preciso pensarmos bem no conceito de cidadania. Cidadão não é apenas aquele que paga impostos ou vota, mas aquele que conhece seus direitos e deveres, que é responsável por seus atos, que respeita os direitos de seus co-cidadãos.

A vida é um direito e respeitá-la é sentimento indispensável. É preciso educar os sentimentos. É preciso reconhecer que o homem não é só intelecto e que a afetividade também faz parte do ser humano.

Medidas preventivas devem ser tomadas e a educação para o trânsito seguro deve ser intensificada nas escolas, na família, nas igrejas através de campanhas educativas, auto-escolas bem organizadas e também pela inserção do tema nos currículos escolares.

Plenamente Humano

Na literatura pedagógica é comum encontrarmos o processo educativo como condição *sine qua non* para a formação integral do ser humano.

Refere-se à educação sistemática dada nas instituições escolares e também a toda forma de educação assistemática que envolve os indivíduos nas relações sociais estabelecidas.

O Art. 2º da Lei de Diretrizes e Bases da Educação Nacional – Lei nº 9.394 de 1996 traz como *Fins da Educação Nacional* o seguinte: *A educação, dever da família e do Estado, inspirada nos princípios de liberdade e nos ideais de solidariedade humana, tem por finalidade o pleno desenvolvimento do educando, seu preparo para o exercício da cidadania e sua qualificação para o trabalho.*

Se a finalidade da educação é um ideal a ser atingido, os objetivos a curto e médio prazos têm-se mostrado insuficientes, aquém das expectativas.

Quem pode discordar, diante da conjuntura atual, de que a educação tem cumprido a missão de formar o homem, plenamente humano?

Não resta dúvida de que o desenvolvimento científico e tecnológico avançaram muito neste século. Isso é muito desejado pela humanidade, mas poucos em nossa sociedade, com desigualdade social profunda, têm acesso a esses conhecimentos.

Por outro lado, essas conquistas são parciais e não bastam para se constituir em *meios* capazes de instrumentalizar os indivíduos na busca de uma formação integral. Privilegiar o aspecto cognitivo tem sido o objetivo principal de nossas escolas, isso quando conseguem atingi-lo.

Será que o desenvolvimento intelectual é suficiente para ajudar o homem a se tornar plenamente humano?

Basta dar uma olhada nos jornais e TVs que veremos grandes avanços da Ciência e da Tecnologia (clonagem, fertilização artificial, transplantes, viagens espaciais, computação, entre outros). Mas também são veiculados, diariamente, casos de violência, guerras, corrupção, drogas, remédios falsos.

BUSCAGLIA (1996) em seu livro *Vivendo, Amando e Aprendendo,* transcreve um texto de Haim Ginott, que lhe foi passado por uma diretora de escola:

Sou sobrevivente de um campo de concentração. Meus olhos viram o que nenhuma pessoa devia presenciar. Câmaras de gás construídas por engenheiros ilustrados. Crianças envenenadas por médicos instruídos. Bebês mortos por enfermeiras treinadas. Mulheres e bebês mortos a tiros por ginasianos e universitários. Assim, desconfio da educação. Meu pedido é o seguinte: ajudem seus discípulos a serem humanos. Os seus esforços nunca deverão produzir monstros cultos, psicopatas hábeis ou Eicchmanns instruídos. Ler, escrever, saber História e Aritmética só são importantes se servem para tornar os nossos estudantes humanos.

É um depoimento estarrecedor. O processo educativo não deve prescindir das conquistas tradicionais científicas e tecnológicas que constituem o patrimônio cultural, mas precisa impregná-lo de sentimento, afetividade, ética e civilidade.

Ensinamos às pessoas, tudo no mundo, a não ser a coisa mais essencial: a vida. Ninguém lhe ensina a ser um ser humano e o que significa ser um ser humano. (BUSCAGLIA, op. cit.)

Cortando o Mal pela Raiz

Estudos diversos têm mostrado que as causas de acidentes de trânsito são devidas a:

- excesso de velocidade;
- ultrapassagem perigosa;
- motorista embriagado ou sob efeito de drogas;
- condutores inabilitados;
- falta de conhecimento ou respeito aos sinais de trânsito;
- veículos avariados;
- defeitos na pista (ondulações, buracos);
- pistas mal sinalizadas;
- falta de visibilidade ocasionada por neblina, chuva, fumaça.

Segundo as estatísticas do Denatran – Departamento Nacional de Trânsito, 90% dos acidentes são provocados por falhas humanas, 6% pela má conservação dos veículos e 4% pela condição precária das estradas.

Como se pode observar, quanto ao desenvolvimento tecnológico – veículos bem fabricados e seguros, estradas bem construídas e sinalizadas – a porcentagem de falhas é pequena. Cabe à falha humana o maior número de acidentes. Ela é a vilã dos acontecimentos.

É necessário refletir sobre esses dados. Se o homem é um ser educável é de se pensar que o educando para o trânsito seguro teremos uma queda no número de acidentes, no número de vítimas e também no número gigantesco de famílias desoladas e sofridas com a falta de algum membro da família ou mesmo cuidando de pessoas com seqüelas sérias ocasionadas pela selvageria do trânsito.

De acordo com o número de acidentes somos levados a acreditar que somente as Campanhas de Educação para o Trânsito não têm dado conta do problema. Há de se destacar também que essas campanhas isoladas não resolvem. Elas devem fazer parte de um plano geral de educação da sociedade.

O homem é um ser racional, social, moral e afetivo com inúmeras potencialidades que se desenvolvidas através da educação o levará, inclusive, a reverter o quadro caótico em que se encontra o trânsito em nosso país.

O *Jornal do Brasil* de 30-3-98 traz um texto intitulado "Loucos e Sádicos" no qual destaca uma frase do escritor francês Albert Camus (1949) quando esteve em visita ao Brasil: *O motorista brasileiro é um louco ou um frio sádico*. Por ironia do destino ele faleceu em 1960 num acidente rodoviário, mas, na França.

Imagina-se que em 1949 o número de carros que percorriam nossas ruas e estradas era relativamente pequeno.

A Falha Humana nos Acidentes de Trânsito

O que ele diria da qualidade do trânsito e dos motoristas nos dias atuais?

No governo de Juscelino Kubitschek (1956-1961), no seu plano de ação econômica ou Plano de Metas foram incluídas trinta metas previstas para serem alcançadas em 5 anos, e divididas em cinco setores: energia, transporte, indústria, educação, alimento.

No que concerne aos setores de energia, transporte e indústria as metas foram alcançadas e até superadas. Foram fabricados 321.200 veículos entre automóveis, ônibus, caminhões, jipes e utilitários. (SILVA, 1975)

Em 1960 circulavam no Brasil 508.608 veículos; em 1975 a circulação aumentou para 6.227.672 e, em 1990, a frota chegou a 18.267.245 veículos.

Esses dados são do Departamento Nacional de Trânsito – Denatran, que estima para o ano 2.008 a quantia de 22.084.891 veículos circulando nas ruas, estradas e rodovias brasileiras.

Logicamente houve aumento considerável da malha viária.

Temos hoje uma economia sobre rodas e uma sociedade consumista na qual *a demanda por utensílios para satisfação do ser humano é a principal causa dos transportes e tumultos registrados nas nossas vias. É uma conseqüência das necessidades da qual sobrevive a economia.* Jornal *O Sul de Minas,* 28-2-98, p.12.

Vivemos numa sociedade consumista, mas também carente de valores éticos e morais capazes de influir na formação do ser humano, fazendo-o respeitar sua vida e a de seu semelhante.

Da frase de Camus até os dias de hoje 1,2 milhão de pessoas morreram nas ruas e estradas brasileiras. Um número igual à população de Porto Alegre. A soma dos habitantes do Acre, 326.188 habitantes e Roraima, 262.201 habitantes equivalem ao número de mortos por acidente de trânsito de 1960 a 1996.

Com esse crescimento acelerado do número de vítimas fatais é de se admitir que os motoristas além de *loucos e sádicos* são também assassinos. Acorda, Brasil! Está na hora ou passando da hora de uma educação mais incisiva para o trânsito.

Anjo Moreno

Alice Beatriz Bittencourt de Fernández

Em outra dimensão,
consigo imaginá-lo
entre as nuvens,
num bailado sonoro
de asas em movimento.
Saudade,
dor,
lamento...

Vejo a cor do ouro e do trigo maduro
nos cachos loiros dos anjos.
Mas, seus negros cabelos destacam-se
na legião dos arcanjos.

Anjo de cabelos negros, veludo brilhante
deslizando sobre a fronte.

Alice Beatriz Bittencourt de Fernández

Seu sorriso meigo e doce,
sua simplicidade marcante.
Tão cedo nos deixou!

Será que Deus quis assim
ou foi o homem que errou?

Textos para Reflexão

O Cidadão e o Trânsito

Muito se tem falado sobre cidadania, mas poucos a exercem. Em um país com enormes problemas sociais pouco ou quase nada tem sido feito para efetivá-la.

A escola, depositária do saber sistematizado, não tem dado conta do seu papel na formação do cidadão. Mas educação não se faz só na escola. Para essa empreitada, toda a sociedade deve contribuir.

Um singular e singelo exemplo do exercício da cidadania no trânsito ocorreu certa vez numa das rodovias que sulcam as montanhas maravilhosas e aconchegantes da região de Serrana. Um ônibus lotado partiu da cidade de Miraflores, com destino a Vale Verde. Após ter enfrentado um congestionamento de duas horas ocasionado por um acidente na rodovia, jamais chegaria ao ponto final da viagem no horário previsto. Estava portanto, *atrasado*.

Mas, como descontar esse *tempo perdido* e chegar na hora estabelecida? Só pisar fundo no acelerador, deve ter sido o pensamento do motorista!...

O veículo parecia voar ora lambendo as folhagens do barranco que margeavam a estrada, ora causando arrepios nos passageiros sentados ao lado da janela que dava para a ribanceira. Um verdadeiro espetáculo de malabarismo, principalmente nas curvas. Todos os passageiros estavam tensos, de olhos arregalados. Tentavam não se mexer, segurando o corpo, como se isso fosse possível. Podia-se perceber que oravam pedindo a proteção divina.

De repente, um grito forte e enérgico soou cortante nos ouvidos:

– Pare, pare já!

A moça levantou-se de sua poltrona e dirigindo-se com dificuldade, até mesmo se equilibrando, à cabine do motorista o obrigou a parar, dizendo:

– Quero ser conduzida com dignidade, respeito e segurança. Exijo os meus direitos que são também de todos que aqui estão. Olhe, somos cidadãos e não sacos de batatas. Queremos chegar sãos e salvos ao nosso destino. Não admitimos ser tratados dessa maneira. Ou o senhor dirige na velocidade permitida legalmente ou abandonamos o ônibus. Respeite a vida dos passageiros e a sua também.

– Mas dona, eu sou empregado e tenho horário a cumprir.

– Nada é mais importante que a vida. Não há argumento convincente que derrube essa prioridade.

Dentro da velocidade permitida, o motorista e os passageiros continuaram a viagem e junto com eles uma lição de cidadania.

Mudança de Hábito

Após viver muito tempo em cidade grande, com muito movimento, o objetivo do senhor Inácio era voltar a morar em sua terra natal. Uma cidadezinha de clima saudável onde as raízes familiares estavam bem plantadas. Era tudo o que queria após ter-se aposentado e criado seis filhos, já casados, o que lhe dava a liberdade de viver tranqüilo numa cidade onde a qualidade de vida era incomparável à vida na capital. Estaria livre do estresse no trânsito e o carro que sempre foi seu instrumento de trabalho poderia ficar mais tempo na garagem. Quase tudo poderia ser feito a pé.

A princípio deveria procurar uma casa para comprar, no centro, perto de Banco, Comércio, Igreja, Correio e principalmente perto de seus familiares, antigos moradores da cidade.

Aí começou o dilema... As casas não possuíam garagem. Grudadinhas umas às outras constituíam barreiras com suas janelas bem rentes à rua. Eram construções antigas, do tempo em que a maioria das pessoas não usava veículos motorizados. A arquitetura era outra, não se fazia casas com garagem.

De um lado e de outro da calçada fileiras de carros estacionados. As bicicletas sorrateiras surgiam de todos os lados, nas ruas ou nos passeios. Os moradores do centro contavam que atropelamento com ciclistas era muito comum. As pessoas não prestavam atenção nem nos ciclistas nem na faixa para pedestre que andava apagada nas ruas mais movimentadas. Os motoristas nem tomavam conhecimento dos sinais de trânsito.

O sr. Inácio diante destas constatações decidiu procurar uma casa longe do centro. Já era início de noite quando, juntamente com seu irmão, foram ver uma casa num bairro residencial indicada por um corretor.

Atravessaram ruas estreitas e malconservadas; sinais de trânsito inexistentes ou danificados; crianças brincando no meio da rua e adultos que tinham o costume de colocar cadeiras nas calçadas para o costumeiro bate-papo. Isso é muito gostoso – pensava Inácio, mas tinha de parar o carro e esperar que os excedentes das calçadas que avançavam para a pista, sem nenhum constrangimento ou pressa, saíssem das ruas destinadas aos veículos.

O motorista, nestas horas de pico de *contadores de causo*, tinha de ter paciência e esperar, que, sem pressa nenhuma, lhe dessem uma brecha para prosseguir.

Mas o sr. Inácio não desanimou. Ele acredita que uma cidade por mais pacata ou provinciana que seja tem que se adaptar às novas exigências do *Código de Trânsito Brasileiro*. Está na hora de mudar certos hábitos.

Horas Azuis

Às seis horas da tarde, *Hora da Ave Maria*, o sino repicava solene. No rádio ouvia-se a Oração da Ave Maria com o fundo musical de Gounod. Além dos fiéis, a própria natureza louvava o entardecer azulado, despedindo-se do dia e saudando a noite que nascia. Nesse *intermezzo* uma amiga costumava dizer:

— Nestas horas azuis da Ave Maria é que as coisas acontecem. Não é dia, não é noite. Tudo fica nebuloso. Não distinguimos direito a figura das pessoas e muitas, como num passe de mágica, despontam à nossa frente sem darmos conta de sua vinda e chegada. Há um processo de camuflagem e pecados são cometidos. Foi exatamente o que aconteceu. Nas horas azuis da Ave Maria, numa tarde de inverno, quando Joana foi pegar seu filho Luís Carlos no Clube de Campo, a 8km da cidade onde moravam, um ciclista entrou ziguezagueando na frente do carro. A dificuldade de visualizar um ciclista sem nenhuma sinalização luminosa obrigou Joana a frear bruscamente, quase em cima do indivíduo. Joana ficou gelada e o ciclista assustado caiu da bicicleta. Por muito pouco não houve uma tragédia.

Mas não se pode atribuir a culpa exclusivamente às Horas Azuis.

Que tal equipar a sua bicicleta de acordo com as exigências do *Código de Trânsito Brasileiro*?

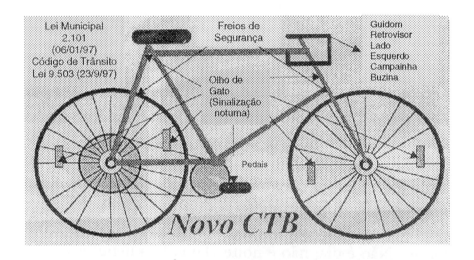

Ilustração retirada do jornal *O Sul de Minas*, 7-2-98 constante do artigo "Bicicletas, Pedestres e Veículos no *Novo Código de Trânsito*", de autoria de Vander Martins Gomes, Educador de Trânsito, Itajubá, MG. (N. da A.)

Rumo à Universidade

Dizem que *nas Universidades públicas brasileiras existem vagas de sobra, só não há vagas no estacionamento delas.*

É uma brincadeira, uma colocação irônica. Sabemos, no entanto, que a competição por uma vaga no ensino superior é bastante acirrada. Temos índices de 5, 10, 20, 30 e até mais candidatos por vaga, dependendo da Universidade ou do curso pretendido.

Não é de se estranhar que famílias bem aquinhoadas financeiramente prometam prêmios aos filhos que passarem no vestibular. Ter um *filho doutor* é historicamente um sonho e um sonho é também o desejo do filho de ter uma máquina a seu dispor.

Mas se foi tão árduo se preparar para entrar na Universidade será que também para dirigir um carro o preparo foi condignamente executado?

Será que os pais premiaram a boa *performance* do filho no vestibular e exigiram também dele os requisitos necessários antes de colocar em suas mãos uma máquina que mal utilizada transforma-se numa arma poderosa?

Passar no vestibular é passaporte para a Universidade. E para dirigir um veículo, o que é necessário?

Você sabe?

Caso desconheça, procure orientação no Detran de seu município ou consulte o *Novo Código de Trânsito Brasileiro* – Lei nº 9.503 (23/9/97, capítulo XIV, Da Habilitação).

Insensatez

Este título, embora pareça, não é nome de nenhuma música da década de 60. É o comportamento de Lúcio no volante. Ele tem apenas 15 anos e sem a anuência dos pais saiu de carro pelas ruas de seu bairro.

Não tem habilitação nem condições legais de obtê-la, portanto ainda não pode responder por seus atos e falta-lhe ainda a habilidade necessária no trato com o trânsito.

Correndo dos guardas, essa categoria de condutores, muitas vezes, em alta velocidade, coloca a sua própria vida e a dos seus semelhantes em perigo.

Foi realmente o que aconteceu. Lúcio atropelou um garoto num cruzamento. Não parou. Fugiu o mais rápido possível, sem prestar socorro e sem atender ao apito do policial de trânsito que sibilava a mil decibéis.

Os guardas socorreram o garoto acidentado levando-o ao pronto-socorro mais próximo. Foi diagnosticada fratura no braço direito e escoriações nas pernas.

Com o livro de ocorrências nas mãos, o guarda que havia anotado o número da placa procurou o proprietário do veículo.

Para os pais, Lúcio os atropelou em vários sentidos.

Motorista Carnavalesco

Era preciso aproveitar aquele carnaval. Aliás, era o primeiro para o qual Raul estava preparado.

Foi dura a sua vida até conseguir um diploma de curso superior e posteriormente um bom emprego. Naquele tempo, final da década de 50, ainda era possível ao empregador bater às portas dos profissionais. Que diferença dos dias atuais!

Egresso da Universidade e já atuando como profissional bem remunerado, Raul morava com sua esposa e filho numa cidade do interior de São Paulo. Muito alegre e extrovertido acalentava um sonho: passar o carnaval no Rio de Janeiro. Carro novo, dinheiro no bolso, juventude, saúde e alegria eram os requisitos indispensáveis e isso Raul os tinha de sobra.

Seriam quatro dias de intensa emoção. Ver as Escolas de Samba na avenida, torcer pela Escola de seu coração e ainda participar de bailes à noite, dava-lhe uma sensação de euforia infinita.

Lá estavam, Raul, sua esposa e filho. A avó materna já estava no Rio e se incumbiu de ficar com Raulzinho para que o casal pudesse aproveitar ao máximo. Realmente *aproveitaram* até o último dia de carnaval.

Realizados, tomaram o caminho de volta para casa na manhã de quarta-feira de cinzas.

Cansados, mas felizes, teciam comentários rápidos sobre seus feitos carnavalescos. A esposa de Raul exausta dormiu, assim como o filho. O motorista, um tanto apressado, curtia uma ressaca ao volante. Mas teria que pegar no batente ainda na quarta-feira às 13 horas. Afundou o pé no acelerador. Não conseguiu dominar o sono. Num cochilo, entrou na traseira de um caminhão parado no acostamento.

E os três dormiram para sempre!

A Falha Humana nos Acidentes de Trânsito

O Pedestre e o Trânsito

Espremida, acotovelando-se umas às outras, lá estavam dezenas de pessoas tentando atravessar a rua entupida de carros, ônibus e motoqueiros. Sem preconceito de raça, sexo, idade e classe social, todos formavam uma só categoria: os pedestres. Estes, no entanto, se diferenciavam na maneira como conseguiam passar de um lado para o outro da rua.

Uns se aproximavam do semáforo e esperavam o sinal verde, para os pedestres, é claro. Atravessavam na faixa a eles destinada. Outros mais apressados e não instruídos a respeito de trânsito, atravessavam em disparada pelo pequeno espaço entre os carros em movimento. E, ainda, aqueles que esperavam uma folga para atravessar sem ter conhecimento de que existe uma faixa para o pedestre atravessar tranqüilamente, sem atropelos.

A falta de conhecimento impede de desfrutar os direitos que se tem e pode levar à perda do direito à vida.

Uma cidade que preza a vida de seus habitantes deve ter suas ruas e avenidas bem sinalizadas e todo cidadão precisa conhecer esses códigos para poder usá-los sem ter de competir com os veículos na velocidade. Como se isso fosse possível!

A Falha Humana nos Acidentes de Trânsito

O Pedestre e o Ciclista

Armou um temporal naquela tarde de janeiro de 1996. Uma ventania tremenda fazia curvar as árvores, varria as ruas e sem saber onde depositar o lixo, elevava-os como se fossem balões ou pipas desgovernadas. Que poeira!

O alvoroço causado pela natureza alvoroçava também os transeuntes que corriam para se abrigarem e os abrigados corriam para fechar as portas e janelas.

Choveu!

Uma chuva de horas que só amenizou-se depois de ter lavado as ruas, os carros e aprisionado os habitantes da cidade.

Ninguém se atrevia a enfrentar o aguaceiro.

Passado algum tempo, a chuva foi diminuindo.

Tito pegou seu guarda-chuva, abriu-o e se protegeu, colocando-o na direção dos chuviscos que ainda teimavam em cair. O negro guarda-chuva, no entanto, tirou-lhe a visão e ao descer do passeio foi atropelado por um ciclista. Ao cair bateu a cabeça no paralelepípedo. Traumatismo craniano foi a *causa mortis*.

Que Situação!

Era normal a euforia de Maria Lúcia às vésperas de sua viagem de férias. Afinal, trabalhava como caixa de um Banco movimentadíssimo e estava precisando de umas férias.

A perspectiva de ficar vinte dias descansando na praia com a família enchia-lhe de satisfação.

Tudo pronto. Hotel reservado, malas arrumadas, carro revisado.

A cada momento, indagava ao marido e filhos:

– Vocês não estão se esquecendo de nada? E o filtro solar? Olha que somos muito brancos, não podemos abusar do sol!

Mal conseguiram dormir à noite. Estavam agitados!

Colocaram o relógio para despertar às quatro horas da manhã. Queriam pegar estradas com pouco movimento.

Estava previsto que chegariam às 8 horas fazendo uma média de 80 a 90 km/h. Como as estradas estavam em ótimas condições e o trânsito era pouco, o marido de Maria

Lúcia pisou no acelerador com vontade. O ponteiro do velocímetro acusava 130 km/h apesar dos apelos dela para que fossem mais devagar.

Poucos quilômetros depois, a Polícia Rodoviária os parou indicando-lhes o acostamento.

As irregularidades, além da alta velocidade, motivo pelo qual foram abordados, eram gritantes:

 ▫ a carteira do motorista estava vencida e a *correção visual* inscrita em vermelho na carteira de habilitação, não estava sendo obedecida. O marido de Maria Lúcia não usava óculos nem lentes de contato;

 ▫ os passageiros do banco de trás (duas crianças) não usavam cinto de segurança;

 ▫ a mãe, ou seja, Maria Lúcia, também não usava cinto e carregava no colo seu caçula;

Será que estavam preparados para enfrentar uma viagem?

Devagar, se tem pressa

Todo final de semana o sr. Otávio, um comerciante abastado, leva de caminhonete sua família para desfrutar os requintes de sua fazenda.

Piscina, lago com peixes, cavalos de raça, gado selecionado e uma bela casa de campo são requisitos que fazem da fazenda um lugar paradisíaco.

Para se chegar à fazenda que fica a 60km de distância da cidade onde moram é preciso percorrer 35km por rodovia asfaltada, muito movimentada e 25km de estrada de terra. Esta, muito calma e seria mais ainda se não fossem alguns trechos perigosos devido à erosão causada pelas chuvas.

Aproveitando o bom estado de conservação da rodovia asfaltada, o sr. Otávio mete o *pé na tábua* e o velocímetro passa dos limites permitidos.

Sua esposa, assustada, reclama. Ele retruca:

— É preciso aproveitar aqui, que a estrada é boa, para depois diminuir a marcha na estrada de terra. Se não for assim gastaremos muito tempo e eu quero chegar logo. Tenho pressa. Quero encontrar os empregados, ainda no curral, lidando com as vacas e bezerros.

– Olha, Otávio, se temos pressa e queremos chegar é preciso ir devagar.

Ele nem deu ouvidos e só parou na entrada da estrada vicinal, para pegar uns passageiros, empregados seus.

– Sobe na carroceria, seu João! Dona Maria, sobe também com seus filhos. Assim, evitam de esperar o ônibus e pagar passagem. Entrem, vamos, depressa.

Com um pouco de dificuldade todos os cinco passageiros subiram na carroceria.

Na pressa e nos ziguezagues que fazia para não cair nos buracos da estrada um dos filhos do seu João não conseguiu se segurar e foi lançado para fora da caminhonete.

O sr. Otávio não pôde, pela imprudência, continuar a viagem. Levou o garoto aos prantos para o hospital mais próximo.

O diagnóstico foi dado: o garoto quebrou o braço, que teria de ser engessado. Os ferimentos nas pernas estavam também sendo tratados.

O Direito ao Conhecimento

Se não fosse agarrado por sua mãe, Lucas teria sido atropelado ao atravessar uma das ruas mais movimentadas de sua cidade.

Ele aprendeu na escola que os sinais coloridos, o semáforo, significam:

- Vermelho: PARE
- Amarelo: ATENÇÃO
- Verde: LIVRE

Só que os semáforos de sua cidade sinalizam para os condutores de veículos e realmente indicam o comportamento acima exposto. Mas para o pedestre é outro e na cidade que Lucas mora não tem sinal luminoso para pedestre.

Quando deu o sinal verde, o menino pisou na faixa de pedestre para atravessar. Foi quando sua mãe apavorada o puxou para trás com toda força e desespero. Derrubou o menino na calçada e ainda ouviu os gritos do motorista:

– Não está vendo o sinal, dona? Olha o verde! Quer morrer?

A mãe de Lucas demorou a se refazer do susto e seu filho, com os joelhos ralados, tentava explicar para a mãe que no sinal verde pode passar. Foi assim que ele aprendeu na Escola.

Manobra Radical

Estava marcado para as 2 horas da manhã *o grande racha*. A avenida larga, bem iluminada, seria o palco para o *show* prestes a começar. Não faltava assistência. Os notívagos pedestres e motoristas, com a adrenalina à flor da pele, esperavam o espetáculo dos *turbinados*. Os pilotos eram jovens entre 16 e 20 anos que manejavam seus carros possantes e incrementados. Formado por uma categoria de jovens *bem situados* socialmente, achavam que tudo podiam fazer, até transgredir a lei.

Dado o sinal de largada, puseram-se a correr e, mais à frente, faziam o *cavalo de pau*. Quem seria o vencedor?

Não houve.

Os policiais chegaram e tentaram impedir tamanha violência. Missão inglória!

Um dos rapazes, alterado com a presença dos *desmancha-prazeres*, foi logo dizendo palavrões e indagando:

– Ô meu, você sabe com quem está falando, sabe quem é meu pai? Olha cara, você pode perder seu emprego. Manera aí e finge que não viu nada.

O guarda, no cumprimento de seu dever, diz:

– Não sei, mas você está preso por colocar a sua vida e a dos outros em perigo e por desacato à autoridade.

Enquanto isso, um outro rapaz que não tinha Carteira de Habilitação e fazia parte do grupo fugiu em disparada com medo de ser preso.

Estava alucinado! Perdeu o controle do veículo e bateu num muro onde estava sentado um rapaz para assistir ao *pega*.

Ambos ficaram sem vida. E, como a vida não se compra nem se adquire através dos poderes terrestres, só restaram famílias desoladas.

Os que foram parar na cadeia, criminosos em potencial, logo foram liberados, os processos arquivados e uma cesta básica por mês a uma família carente deve ter sido a pena máxima para os infratores.

Será que a impunidade continua?

Portão de Escola

Morávamos num bairro tranqüilo com ruas largas, passeios bem cuidados e praças floridas. Pela manhã e à tarde, havia um movimento silencioso de jovens, adultos e idosos que faziam caminhadas, buscando enrigecer os músculos, diminuir o colesterol e principalmente perder umas gordurinhas que teimosas não queriam sumir.

Nada abalava a quietude do bairro incrustado numa cidade de trânsito violento com acidentes diários.

Essa calmaria durou até ser inaugurada uma Escola Particular na rua principal que dava acesso às demais e por onde fluía o trânsito bairro–centro e vice-versa.

Das 11h30 até às 13h o barulho era ensurdecedor no portão da Escola, sem falar a partir das 17h, quando o portão fechava e as crianças esperavam os pais, brincando na rua.

Os vizinhos, atordoados, se reuniram e listaram o que ocasionava tantos dissabores. Enviaram à diretora uma carta-protesto pedindo providências. Do jeito que estava não podia continuar.

Eis a lista das ocorrências:

◻ os condutores dos veículos que trazem as crianças e adolescentes param em fila dupla e até tripla obstruindo a pista;

◻ estes mesmos condutores têm o costume de chamar as crianças através da buzina do carro. Identificar os sons próprios dos seus carros num buzinaço é difícil;

◻ os motoristas que precisam trafegar pela rua da Escola param sem ter por onde passar. Indignados gritam, dizem palavrões e ouvem desaforos;

◻ a vizinhança está ficando estressada com a poluição sonora e a falta de organização das saídas e entradas dos alunos.

Pedimos, encarecidamente, que coloquem um guarda de trânsito para organizar este caos. Não seria a hora de ensinar as regras de trânsito e o respeito aos cidadãos?

Assinado: Todos os moradores do bairro.

Transformação

Atualmente, é comum ver em revistas e programas de televisão a propaganda e execução do *antes e depois*.

Pessoas usando produtos de *total eficiência* são rejuvenescidas ou literalmente produzidas da cabeça aos pés. A mudança do visual se, por um lado, aumenta a auto-estima, o que é desejável, por outro, eleva também o lucro dos produtores, fator essencial numa sociedade de consumo insaciável.

Não foi bem essa a transformação de Natália. Desnecessário seria mudar o seu rosto, pois era lindo. Traços bem-feitos, olhos negros enormes e brilhantes, tez morena e sorriso de anúncio de creme dental. Tudo era perfeito e não precisava de nenhum truque para despertar olhares de admiração. Tinha 18 anos e fazia cursinho para enfrentar o vestibular para o Curso de Medicina.

Certo dia, ao voltar para casa carregando pesadas apostilas, desviou-se do passeio, cheio de entulhos de uma construção e mal chegou a dar três passos quando um caminhão transitando pela contramão a atropelou.

O resultado do acidente foi trágico. Se *antes* do acidente era perfeita, *depois* do acidente se tornou paraplégica. O rosto ficou desfigurado. Passou por várias cirurgias. Foi feito o que pôde.

Adeus sonhos, adeus realizações.

Que transformação radical!

Irresponsabilidade

Tiago estava cansado de ouvir os conselhos de sua mãe. Todos os dias aquele mesmo discurso, aquela ladainha sem fim:

— Filho, estou indo para o trabalho. O carro do seu pai está aí mas não tente utilizá-lo. Você não tem condições legais para dirigir, nem mesmo para ir daqui à padaria. Tem guarda de trânsito em todos os lugares e não quero passar por irresponsável. Você está avisado! Tome tento!

Tão logo a mãe saiu o telefone tocou. Tiago atendeu. Era Marcelo seu colega de classe. Podia imaginar o diálogo.

— Tiago, é o Marcelo, tudo bem? Beleza?

— Tudo.

— Olha, vem aqui na minha casa. Estamos organizando um torneio de basquete e gostaria que nos ajudasse na escalação do time.

— Impossível, Marcelo. Sua casa é muito longe! Minha bicicleta está estragada e de ônibus, nem pensar. Estão sempre lotados e demoram muito.

— Ora garoto, vem de carro. A máquina não está aí? Vem pelas ruas menos movimentadas. Garanto que não há guardas suficientes para policiar as ruas todas da cidade. E você é bom no volante, só não tem credenciais para isso. Mas, venha. Nada vai acontecer!

— Vou pensar, cara! Beleza, então?

Conselhos esquecidos, desobediência à vista. Tiago sai com o carro. Estava tenso! Quando dobrou a primeira esquina avistou um guarda.

— Preciso ficar calmo. O guarda nem vai notar. Estou dirigindo na velocidade permitida, estou com cinto de segurança. Ficou tão envolvido com esses pensamentos que atravessou o sinal vermelho e por pouco não atropela um pedestre.

O guarda apitou e Tiago foi autuado, levando por tabela seus pais, os responsáveis, a pagar por sua irresponsabilidade.

Foi um *basquete* e tanto para eles resolverem a questão.

O "Blecaute"

De repente a metade da cidade ficou no escuro. As luzes apagaram-se e um silêncio mortal pairou sobre a cidadela.

O que teria acontecido? Queima de algum transformador? Conserto da rede elétrica? Manutenção periódica? Mas às 7 horas da noite? Impossível!...

Há algo de estranho no ar! Um curto-circuito deve ter ocorrido, mas por quê?

Na casa da jovem Helena ninguém se arriscou a dar um palpite e Teinha, de 5 anos, aceitava a negritude da noite como uma conseqüência da falta de estrelas brilhantes ou da lua na fase minguante.

Diante das velas acesas em castiçais improvisados, Helena, sua mãe e irmãs esperavam a volta da energia elétrica para assistirem à novela das 8. De vez em quando espiavam pela janela tentando visualizar algum motivo para tamanho *blecaute*.

Lá longe, numa rua que sobe para o Hospital, Clarice, de 10 anos, viu muitas luzes e chamou a atenção de todas:

— Olhe, está subindo uma ambulância, olhe o pisca-pisca. Eu conheço o som da sirene do carro que leva doente para o hospital. Alguma coisa grave deve ter acontecido. Um acidente, quem sabe?

A luz voltou. Titubeou um pouco, mas por fim se estabeleceu clara e reluzente. Porém a família de Helena se transformou.

O telefonema avisava-as de que o pai tinha sofrido um acidente e estava na UTI do hospital, único na cidade. Ele havia perdido o controle da direção do carro. Bateu num poste, em alta velocidade.

O pai de Helena conforme se constatou havia passado do *estado de embriaguês* para o *estado de choque,* depois para o *estado de coma,* e faleceu horas depois.

As filhas passaram para o *estado de orfandade* e a mãe, de *viuvez.*

Sugestões para Atividades

O estudo das situações relatadas na parte "Textos para Reflexão" poderá ser feito por todo leitor, individualmente ou em pequenos grupos, mediante o seguinte roteiro:

1. Leia toda a primeira parte deste livro, intitulada "Educação e Trânsito", a fim de familiarizar-se com o assunto;

1.2. Faça uma leitura atenta dos 16 "casos" apresentados e escolha um deles para ser analisado;

1.3. Identifique, no caso escolhido, as falhas cometidas pelos condutores de veículos, ciclistas e/ou pedestres;

1.4. Reflita sobre a possiblidade de essas falhas serem evitadas, se as pessoas estivessem preparadas para um trânsito seguro;

1.5. Consulte os dispositivos legais (Anexos I e II) localizando os artigos que foram desrespeitados;

1.6. Classifique o tipo de infração, a multa devida e os pontos perdidos pelo infrator.

Lembre-se de que ao atingir 20 pontos por infrações cometidas, o motorista terá sua licença suspensa por um ano. Só receberá, novamente, a sua Carteira de Habilitação após ter feito um curso de reciclagem.

Em relação à vida, não há curso de reciclagem que a traga de volta.

2. Outras atividades sobre o tema "Educação para o Trânsito" que poderão ser desenvolvidas:

2.1. Pesquise em jornais e revistas notícias relacionadas ao trânsito. Leia para a classe ou conte com suas próprias palavras.

2.2. Narre um fato real, ou imaginário, ocorrido no cotidiano do trânsito, que tenha causado seqüelas físicas ou emocionais prejudicando o projeto de vida feliz de um adolescente.

2.3. Observe a capa deste livro. Contemple, por alguns momentos a reprodução da pintura de Domenico Feti (1589-1624), intitulada *A Melancolia*. Em seguida, escreva as impressões que a belíssima imagem lhe provoca. Que outro título daria a esta pintura?

Estas sugestões podem ser enriquecidas com outras, saídas da criatividade do professor. Ele poderá utilizar novas técnicas, dinamizando o processo ensino-aprendizagem por meio de debates, discussões, dramatizações, seminários, júri simulado, outras mais.

Palavras Finais

"A segurança no trânsito é tanto de natureza tecnológica como comportamental. O fator educacional não preponderou ainda como resultado comportamental do motorista brasileiro. Uma lei rigorosa não leva, necessariamente, a um resultado positivo. Para que isso ocorra é preciso educar o motorista, de modo que a lei resulte da necessidade de ordenamento natural e não seja imposta como norma que agride e revolta ao invés de disciplinar e ordenar. A Educação sem dúvida é a chave para um trânsito seguro e deve ser entendida como um fator de transformação para a melhoria da qualidade de vida no país. As idéias contidas no CTB devem ser difundidas em toda sociedade através do mais amplo processo educativo."

Essas são algumas palavras proferidas por Antônio Carlos Carvalho, presidente da Associação Brasileira dos Departamentos de Trânsito, Abdetran no V Congresso Mundial sobre Segurança no Trânsito, em Lisboa, 1998 e no Brasil Tran'98 – Brasília.

Referências bibliográficas

BUSCAGLIA, Leo F. *Vivendo, Amando e Aprendendo*. Rio de Janeiro, Record, 1996. 20ª ed.

BUSQUETS, Maria Dolors et alli. *Temas Tranversais – Bases para uma formação integral*. São Paulo, Ed. Ática, 1998, 2ª ed. (Série Unidade Fundamentos).

DOYLE, Heloisa. Na rota internacional. *Revista da Associação Brasileira dos Departamentos de Trânsito – ABDETRAN*. Brasília, nº 2, novembro/dezembro/98.

LEI nº 9.503 de 23 de setembro de 1997. *O Novo Código de Trânsito Brasileiro*. Brasília, *Diário Oficial da União* – DOU.

MENEZES, Heitor. Educação: a chave para um trânsito seguro. *Revista da Associação Brasileira dos Departamentos de Trânsito – ABDETRAN* nº 2, novembro/dezembro/98.

SILVA, Hélio. *Desenvolvimentismo e Democracia*. São Paulo. Editora Três, 1975. (Coleção História da República Brasileira, v. 16).

REDAÇÃO, Lições do Carnaval. *Jornal do Brasil*. Rio de Janeiro, 27 de fevereiro de 1998, p. 8.

REDAÇÃO – Loucos e Sádicos. *Jornal do Brasil*. Rio de Janeiro, 30 de março de 1998, p. 8.

ANEXOS

Anexo I
Novo Código de Trânsito Brasileiro

Capítulo XV
Das Infrações

Art.161 – *Constitui infração de trânsito a inobservância de qualquer preceito deste Código, da legislação complementar ou das resoluções do Contran, sendo o infrator sujeito às penalidades e medidas administrativas indicadas em cada artigo, além das punições previstas no capítulo XIX.*

Parágrafo único: As infrações cometidas em relação às resoluções do Contran terão suas penalidades e medidas administrativas definidas nas próprias resoluções.

INFRAÇÃO	TIPO	PONTUAÇÃO	PUNIÇÃO
Art. 162 – *Dirigir veículo:* *I - sem possuir carteira de habilitação ou permissão para dirigir.*	Gravíssima	7	Multa de 540 Ufirs e apreensão do veículo.
II - com carteira de habilitação ou permissão de dirigir cassada ou suspensa.	Gravíssima	7	Multa de 900 Ufirs e apreensão do veículo.
III - com carteira ou permissão para dirigir de categoria diferente do veículo que está conduzindo.	Gravíssima	7	Multa de 540 Ufirs, apreensão do veículo e recolhimento do documento de habilitação.

INFRAÇÃO	TIPO	PONTUAÇÃO	PUNIÇÃO
IV - (vetado)			
V - com carteira vencida há mais de 30 dias.	Gravíssima	7	Multa de 180 Ufirs, recolhimento da carteira e retenção do veículo até a apresentação de condutor habilitado.
VI - sem usar lentes corretoras de visão, aparelho auxiliar de audição, prótese física ou as adaptações do veículo impostas pelo condutor por ocasião da concessão ou da renovação da licença para conduzir.	Gravíssima	7	Multa de 180 Ufirs e retenção do veículo até o saneamento da irregularidade ou apresentação de condutor habilitado.
Art. 163 – *Entregar a direção do veículo a pessoa nas condições previstas no artigo anterior.*	Gravíssima	7	Multa de 540 Ufirs, apreensão do veículo e recolhimento do documento.

INFRAÇÃO	TIPO	PONTUAÇÃO	PUNIÇÃO
Art. 164 – *Permitir que pessoa nas condições referidas nos incisos do art. 162 tome posse do veículo auto motor.*	Gravíssima	7	Multa de 540 Ufirs, apreensão do veículo e recolhimento do documento de habilitação.
Art. 165 – *Dirigir sob influência de álcool, em nível superior a seis decigramas por litro de sangue, ou qualquer substância entorpecente ou que determine dependência física ou psíquica.* § *Parágrafo único: a embriaguez pode ser apurada na forma do artigo 277.*	Gravíssima	7	Multa de 900 Ufirs, suspensão do direito de dirigir, retenção do veículo até a apresentação de condutor habilitado e recolhimento do documento.
Art. 166 – *Confiar ou entregar a direção do veículo a pessoa que, mesmo habilitada, por seu estado físico ou psíquico, não estiver em condições de dirigi-lo em segurança.*	Gravíssima	7	Multa de 180 Ufirs.

INFRAÇÃO	TIPO	PONTUAÇÃO	PUNIÇÃO
Art. 167 – *Deixar o condutor ou passageiro, de usar cinto de segurança.*	Grave	5	Multa de 120 Ufirs e retenção do veículo até a colocação do cinto pelo infrator.
Art. 168 – *Transportar criança em veículo automotor sem observância das normas de segurança especiais estabelecidas neste Código.*	Gravíssima	7	Multa de 180 Ufirs e retenção do veículo até que a irregularidade seja sanada.
Art. 169 – *Dirigir sem atenção ou sem os cuidados indispensáveis à segurança.*	Leve	3	Multa de 50 Ufirs.

INFRAÇÃO	TIPO	PONTUAÇÃO	PUNIÇÃO
Art. 170 – *Dirigir ameaçando os pedestres que estejam atravessando a via pública, ou os demais veículos.*	Gravíssima	7	Multa de 180 Ufirs, suspensão do direito de dirigir, retenção do veículo e recolhimento do documento de habilitação.
Art. 171 – *Usar o veículo para arremessar, sobre pedestres ou veículos, água ou detritos.*	Média	4	Multa de 80 Ufirs.
Art. 172 – *Atirar do veículo ou abandonar na via objetos ou substâncias.*	Média	4	Multa de 80 Ufirs.
Art. 173 – *Disputar corrida por espírito de emulação.*	Gravíssima	7	Multa de 540 Ufirs, suspensão do direito de dirigir e apreensão do veículo.

INFRAÇÃO	TIPO	PONTUAÇÃO	PUNIÇÃO
Art. 174 – *Promover, na via, competição esportiva, eventos organizados, exibição e demonstração de perícia em manobra de veículo, ou deles participar, como condutor, sem permissão da autoridade de trânsito com circunscrição sobre via.*	Gravíssima	7	Multa de 900 Ufirs, suspensão do direito de dirigir e apreensão do veículo.
Art. 175 – *Utilizar-se de veículo para, em via pública, demonstrar ou exibir manobra perigosa, arrancada brusca, derrapagem ou freagem com deslizamento ou arrastamento de pneus.*	Gravíssima	7	Multa de 180 Ufirs, suspensão do direito de dirigir e apreensão do veículo.
Art. 176 – *Deixar o condutor envolvido em acidente com vítima de:* *I - prestar ou providenciar socorro à vítima, podendo fazê-lo;*	Gravíssima	7	Multa de 900 Ufirs e suspensão do direito de dirigir.

INFRAÇÃO	TIPO	PONTUAÇÃO	PUNIÇÃO
II - adotar providências, podendo fazê-lo, no sentido de evitar perigo para o trânsito local; *III - preservar o local, de forma a facilitar os trabalhos da polícia e da perícia;* *IV - adotar providências para remover o veículo do local, quando determinadas por policial ou agente de autoridade de trânsito;* *V - identificar-se ao policial e lhe prestar informações necessárias à confecção do boletim de ocorrência.*	Gravíssima	7	Multa de 900 Ufirs e suspensão do direito de dirigir.
Art. 177 – *Deixar o condutor de prestar socorro à vítima de acidente de trânsito quando solicitado pela autoridade e seus agentes.*	Grave	5	Multa de 120 Ufirs.

INFRAÇÃO	TIPO	PONTUAÇÃO	PUNIÇÃO
Art. 178 – *Deixar o condutor, envolvido em acidente sem vítima, de adotar providências para remover o veículo do local, quando necessária tal medida para assegurar a segurança e a fluidez do trânsito.*	Média	4	Multa de 80 Ufirs.
Art. 179 – *Fazer ou deixar que se faça reparo em veículo na via pública, salvo nos casos de impedimento absoluto de sua remoção e em que o veículo esteja devidamente sinalizado:* *I - em pista de rolamento de rodovias e vias de trânsito rápido.*	Grave	5	Multa de 120 Ufirs (rodovia) e de 50 Ufirs (demais vias).

INFRAÇÃO	TIPO	PONTUAÇÃO	PUNIÇÃO
II - nas demais vias.	Leve	3	Multa de 120 Ufirs (rodovia) e de 50 Ufirs (demais vias).
Art. 180 – *Ter seu veículo imobilizado na via por falta de combustível.*	Média	4	Multa de 80 Ufirs e remoção do veículo.
Art. 181 – *Estacionar o veículo:* *I - nas esquinas e a menos de cinco metros do bordo do alinhamento da via transversal.*	Média	4	Multa de 80 Ufirs e remoção do veículo.
II - afastado da guia da calçada de cinqüenta centímetros a um metro.	Leve	3	Multa de 50 Ufirs e remoção do veículo.

INFRAÇÃO	TIPO	PONTUAÇÃO	PUNIÇÃO
III - *afastado da guia da calçada mais de um metro.*	Grave	5	Multa de 120 Ufirs e remoção do veículo
IV - *em desacordo com as posições estabelecidas neste Código.*	Média	4	Multa de 80 Ufirs e remoção do veículo.
V - *na pista de rolamento das estradas, das rodovias, das vias de trânsito rápido e das vias dotadas de acostamento.*	Gravíssima	7	Multa de 180 Ufirs e remoção do veículo.
VI - *junto ou sobre hidrantes de incêndio, registro de água ou tampas de poços de visita de galerias subterrâneas, desde que devidamente identificados, conforme especificação do Contran.*	Média	4	Multa de 80 Ufirs e remoção do veículo.

INFRAÇÃO	TIPO	PONTUAÇÃO	PUNIÇÃO
VII - *nos acostamentos, salvo motivo de força maior.*	Leve	3	Multa de 50 Ufirs e remoção do veículo.
VIII - *no passeio ou sobre faixa destinada a pedestre, sobre ciclovia ou ciclofaixa, bem como nas ilhas refúgio, ao lado ou sobre canteiros centrais, divisores de pista de rolamento, marcas de canalização, gramados ou jardim público.*	Grave	5	Multa de 120 Ufirs e remoção do veículo.
IX - *onde houver guia de calçada rebaixada, destinada à entrada ou saída de veículos.* X - *impedindo a movimentação de outro veículo.*	Média	4	Multa de 80 Ufirs e remoção do veículo.

INFRAÇÃO	TIPO	PONTUAÇÃO	PUNIÇÃO
XI - *ao lado de outro veículo em fila dupla.* XII - *na área de cruzamento de vias, prejudicando a circulação de veículos e de pedestres.*	Grave	5	Multa de 120 Ufirs e remoção do veículo.
XIII - *onde houver sinalização horizontal delimitadora de ponto de embarque ou desembarque de passageiros de transporte coletivo ou, na inexistência da sinalização, no intervalo compreendido entre dez metros antes e depois do marco do ponto.*	Média	4	Multa de 80 Ufirs e remoção do veículo.
XIV - *em viadutos, pontes e túneis.*	Grave	5	Multa de 120 Ufirs e remoção do veículo.

INFRAÇÃO	TIPO	PONTUAÇÃO	PUNIÇÃO
XV - na contramão de direção.	Média	4	Multa de 80 Ufirs.
XVI - em aclive ou declive, não estando devidamente freado e sem calço de segurança, quando se tratar de veículo com peso bruto total superior a três mil e quinhentos quilogramas.	Grave	5	Multa de 120 Ufirs e remoção do veículo.
XVII - em desacordo com as condições regulamentadas especificamente pela sinalização.	Leve	3	Multa de 50 Ufirs e remoção do veículo.
XVIII - em locais e horários proibidos especificamente pela sinalização.	Média	4	Multa de 80 Ufirs e remoção do veículo.
XIX - em locais e horários de estacionamento e parada proibidos pela sinalização.	Grave	5	Multa de 120 Ufirs e remoção do veículo.

INFRAÇÃO	TIPO	PONTUAÇÃO	PUNIÇÃO
Art. 182 – *Parar o veículo:* *I - nas esquinas e a menos de cinco metros do bordo de alinhamento da via transversal.*	Média	4	Multa de 80 Ufirs.
II - afastado da guia da calçada de cinqüenta centímetros a um metro.	Leve	3	Multa de 50 Ufirs.
III - afastado da guia da calçada a mais de um metro.	Média	4	Multa de 80 Ufirs.
IV - em desacordo com as posições descritas no código.	Leve	3	Multa de 50 Ufirs.
V - na pista de rolamento das estradas, das rodovias, das vias de trânsito rápido e das demais vias dotadas de acostamento.	Grave	5	Multa de 120 Ufirs.

INFRAÇÃO	TIPO	PONTUAÇÃO	PUNIÇÃO
VI - no passeio ou sobre faixa destinada a pedestre, nas ilhas, refúgios, canteiros centrais e divisores de pista de rolamento e marcas de canalização.	Leve	3	Multa de 50 Ufirs.
VII - na área de cruzamento de vias, prejudicando a circulação de veículos e pedestres. *VIII - nos viadutos, pontes e túneis.* *IX - na contramão de direção.* *X - em local e horário proibidos especificamente pela sinalização.*	Média	4	Multa de 80 Ufirs.
Art. 183 – *Parar o veículo sobre a faixa de pedestres na mudança de sinal luminoso.*	Média	4	Multa de 80 Ufirs.

INFRAÇÃO	TIPO	PONTUAÇÃO	PUNIÇÃO
Art. 184 – *Transitar com o veículo:* *I - na faixa ou pista da direita, regulamentada como de circulação exclusiva para determinado tipo de veículo.*	Leve	3	Multa de 50 Ufirs.
II - na faixa ou na pista da esquerda regulamentada como de circulação exclusiva para determinado tipo de veículo.	Grave	5	Multa de 120 Ufirs.
Art. 185 – *Quando o veículo estiver em movimento, deixar de conservá-lo:* *I - na faixa a ele destinada pela sinalização de regulamentação, exceto em situações de emergência.* *II - nas faixas da direita, os veículos lentos e de maior porte.*	Média	4	Multa de 80 Ufirs.

INFRAÇÃO	TIPO	PONTUAÇÃO	PUNIÇÃO
Art. 186 – *Transitar pela contramão de direção em:* *I - vias com duplo sentido de circulação, exceto para ultrapassar outro veículo e apenas pelo tempo necessário, respeitada a preferência do veículo que transitar em sentido contrário.*	Grave	5	Multa de 120 Ufirs.
II - vias com sinalização de regulamentação de sentido único de circulação.	Gravíssima	7	Multa de 180 Ufirs.
Art. 187 – *Transitar em locais e horários não permitidos pela regulamentação estabelecida pela autoridade competente:* *I - para todos os veículos.*	Média	4	Multa de 80 Ufirs.
II - especificamente para caminhões e ônibus.	Grave	5	Multa de 120 Ufirs.

INFRAÇÃO	TIPO	PONTUAÇÃO	PUNIÇÃO
Art. 188 – *Transitar ao lado de outro veículo, interrompendo ou perturbando o trânsito.*	Média	4	Multa de 80 Ufirs.
Art. 189 – *Deixar de dar passagem aos veículos precedidos de batedores, de socorro de incêndio e salvamento, de polícia, de operação e fiscalização de trânsito e às ambulâncias, quando em serviço de urgência e devidamente identificados por dispositivos regulamentados de alarme sonoro e iluminação vermelha intermitentes.*	Gravíssima	7	Multa de 180 Ufirs.

INFRAÇÃO	TIPO	PONTUAÇÃO	PUNIÇÃO
Art. 190 – *Seguir veículo em serviço de urgência, estando este com prioridade de passagem devidamente identificada por dispositivos regulamentares de alarme sonoro e iluminação vermelha intermitentes.*	Grave	5	Multa de 120 Ufirs.
Art. 191 – *Forçar passagem entre veículos que, transitando em sentidos opostos, estejam na iminência de passar um pelo outro a realizar operação de ultrapassagem.*	Gravíssima	7	Multa de 180 Ufirs.

INFRAÇÃO	TIPO	PONTUAÇÃO	PUNIÇÃO
Art. 192 – *Deixar de guardar distância de segurança lateral e frontal entre o seu veículo e os demais, bem como em relação ao bordo da pista, considerando-se, no momento, a velocidade, as condições climáticas do local da circulação e do veículo.*	Grave	5	Multa de 120 Ufirs.
Art. 193 – *Transitar com o veículo em calçadas, passeios, passarelas, ciclovias, ciclofaixas, ilhas, refúgios, ajardinamentos, canteiros centrais e divisores de pista de rolamento, acostamentos, marcas de canalização, gramados e jardins públicos.*	Gravíssima	7	Multa de 540 Ufirs.

INFRAÇÃO	TIPO	PONTUAÇÃO	PUNIÇÃO
Art. 194 – *Transitar em marcha à ré, salvo na distância necessária a pequenas manobras e de forma a não causar riscos à segurança.*	Grave	5	Multa de 120 Ufirs.
Art. 195 – *Desobedecer às ordens emanadas da autoridade competente de trânsito ou de seus agentes.*	Grave	5	Multa de 120 Ufirs.
Art. 196 – *Deixar de indicar com antecedência, mediante gesto regulamentar de braço ou luz indicadora de direção do veículo, o início da marcha, a realização da manobra de parar o veículo, a mudança de direção ou de faixa de circulação.*	Grave	5	Multa de 120 Ufirs.

INFRAÇÃO	TIPO	PONTUAÇÃO	PUNIÇÃO
Art. 197 – *Deixar de deslocar, com antecedência, o veículo para a faixa mais à esquerda ou mais à direita, dentro da respectiva mão de direção, quando for manobrar para um desses lados.*	Média	4	Multa de 80 Ufirs.
Art. 198 – *Deixar de dar passagem pela esquerda, quando solicitado.*	Média	4	Multa de 80 Ufirs.
Art. 199 – *Ultrapassar pela direita, salvo quando o veículo da frente estiver se colocando na faixa apropriada e der sinal de que vai entrar à esquerda.*	Média	4	Multa de 80 Ufirs.

INFRAÇÃO	TIPO	PONTUAÇÃO	PUNIÇÃO
Art. 200 – *Ultrapassar pela direita veículo de transporte coletivo ou de escolares, parado para embarque ou desembarque de passageiros, salvo quando houver refúgio de segurança para o pedestre.*	Gravíssima	7	Multa de 180 Ufirs.
Art. 201 – *Deixar de guardar a distância lateral de um metro e cinqüenta centímetros ao passar ou ultrapassar bicicleta.*	Média	4	Multa de 80 Ufirs.
Art. 202 – *Ultrapassar outro veículo:* *I - pelo acostamento.* *II - em interseções e passagens de nível.*	Grave	5	Multa de 120 Ufirs.

INFRAÇÃO	TIPO	PONTUAÇÃO	PUNIÇÃO
Art. 203 – *Ultrapassar pela contramão outro veículo:* *I. nas curvas, aclives e declives, sem visibilidade suficiente.* *II. nas faixas de pedestre.* *III. nas pontes, viadutos ou túneis.* *IV. parado em fila junto a sinais luminosos, porteiras, cancelas, cruzamentos ou qualquer outro impedimento à livre circulação.* *V. onde houver marcação viária longitudinal de divisão de fluxos opostos do tipo linha dupla contínua ou simples contínua amarela.*	Gravíssima	7	Multa de 180 Ufirs.

INFRAÇÃO	TIPO	PONTUAÇÃO	PUNIÇÃO
Art. 204 – *Deixar de parar o veículo no acostamento à direita, para aguardar a oportunidade de cruzar a pista ou entrar à esquerda, onde não houver local apropriado para operação de retorno.*	Grave	5	Multa de 120 Ufirs.
Art. 205 – *Ultrapassar veículo em movimento que integre cortejo, préstito, desfile e formações militares, salvo com autorização da autoridade de trânsito ou de seus agentes.*	Leve	3	Multa de 50 Ufirs.
Art. 206 – *Executar operação de retorno:* *I - em locais proibidos pela sinalização;* *II - nas curvas, aclives, pontes, viadutos e túneis;*	Gravíssima	7	Multa de 180 Ufirs.

INFRAÇÃO	TIPO	PONTUAÇÃO	PUNIÇÃO
III - passando por cima de calçada, passeio, ilhas, ajardinamento ou canteiros de divisões de pista de rolamento, refúgios e faixas de pedestres e nas de veículos não motorizados; *IV - nas interseções, entrando na contramão de direção da via transversal;* *V - com prejuízo da livre circulação ou da segurança, ainda que em locais permitidos.*	Gravíssima	7	Multa de 180 Ufirs.
Art. 207 – *Executar operação de conversão à direita ou à esquerda em locais proibidos pela sinalização.*	Grave	5	Multa de 120 Ufirs.

INFRAÇÃO	TIPO	PONTUAÇÃO	PUNIÇÃO
Art. 208 – *Avançar o sinal vermelho do semáforo ou o de parada obrigatória.*	Gravíssima	7	Multa de 180 Ufirs.
Art. 209 – *Transpor, sem autorização, bloqueio viário com ou sem sinalização ou dispositivos auxiliares, deixar de adentrar às áreas destinadas à pesagem de veículos ou evadir-se para não efetuar o pagamento do pedágio.*	Grave	5	Multa de 120 Ufirs.
Art. 210 – *Transpor, sem autorização, bloqueio policial.*	Gravíssima	7	Multa de 180 Ufirs, apreensão do veículo, suspensão do direito de dirigir, remoção do veículo e recolhimento do documento de habilitação.

INFRAÇÃO	TIPO	PONTUAÇÃO	PUNIÇÃO
Art. 211 – *Ultrapassar veículos em fila, parados em razão de sinal luminoso, cancela, bloqueio viário parcial ou qualquer outro obstáculo, com exceção dos veículos não motorizados.*	Grave	5	Multa de 120 Ufirs.
Art. 212 – *Deixar de parar o veículo antes de transpor linha férrea.*	Gravíssima	7	Multa de 180 Ufirs.
Art. 213 – *Deixar de parar o veículo sempre que a respectiva marcha foi interceptada:* *I - por agrupamentos de pessoas, como préstitos, passeatas, desfiles e outros.*	Gravíssima	7	Multa de 180 Ufirs.
II - por agrupamentos de veículos, como cortejos, formações militares e outros.	Grave	5	Multa de 120 Ufirs.

INFRAÇÃO	TIPO	PONTUAÇÃO	PUNIÇÃO
Art. 214 – *Deixar de dar preferência de passagem a pedestre e a veículo não motorizado* *I - que se encontre na faixa a ele destinada;* *II - que não haja concluído a travessia mesmo que ocorra sinal verde para o veículo;* *III - portadores de deficiência física, crianças, idosos e gestantes.*	Gravíssima	7	Multa de 180 Ufirs.
IV - quando houver iniciado a travessia mesmo que não haja sinalização a ele destinada; *V - que esteja atravessando a via transversal para onde se dirige o veículo.*	Grave	5	Multa de 120 Ufirs.

INFRAÇÃO	TIPO	PONTUAÇÃO	PUNIÇÃO
Art. 215 – *Deixar de dar preferência de passagem:* *I - Em interseção não sinalizada:* *a) o veículo que estiver circulando por rodovia ou rotatória;* *b) o veículo que vier da direita.* *II - Nas interseções com sinalização de regulamentação de dê a preferência.*	Grave	5	Multa de 120 Ufirs.
Art. 216 – *Entrar ou sair de áreas lindeiras sem estar adequadamente posicionado para ingresso na via e sem as precauções com a segurança de pedestres e de outros veículos.*	Média	4	Multa de 80 Ufirs.

INFRAÇÃO	TIPO	PONTUAÇÃO	PUNIÇÃO
Art. 217 – *Entrar ou sair de fila de veículos estacionados sem dar preferência de passagem a pedestres e a outros veículos.*	Média	4	Multa de 80 Ufirs.
Art. 218 – *Transitar em velocidade superior à máxima permitida para o local, medida por instrumento ou equipamento hábil:* *I - em rodovias, vias de trânsito rápidas e vias arteriais:* *a) Quando a velocidade for superior à máxima em até 20%.*	Grave	5	Multa de 120 Ufirs.
b) quando a velocidade for superior à máxima em mais de 20%.	Gravíssima	7	Multa de 180 Ufirs (três vezes) e suspensão do direito de dirigir.

INFRAÇÃO	TIPO	PONTUAÇÃO	PUNIÇÃO
II - demais vias: *a) quando a velocidade for superior à máxima em até 50%.*	Grave	5	Multa de 120 Ufirs.
b) quando a velocidade for superior à máxima em mais de 50%.	Gravíssima	7	Multa de 180 Ufirs (três vezes), suspensão do direito de dirigir e recolhimento do documento de habilitação.
Art. 219 – *Transitar com o veículo em velocidade inferior à metade da velocidade máxima estabelecida para a via, retardando ou obstruindo o trânsito, a menos que as condições de tráfego e meteorológicas não o permitam, salvo se estiver na faixa da direita.*	Média	4	Multa de 80 Ufirs.

INFRAÇÃO	TIPO	PONTUAÇÃO	PUNIÇÃO
Art. 220 – *Deixar de reduzir a velocidade do veículo de forma compatível com a segurança do trânsito:* *I - quando se aproximar de passeatas, aglomerações, cortejos, préstitos e desfiles.*	Gravíssima	7	Multa de 180 Ufirs.
II - Nos locais onde o trânsito esteja sendo controlado pelo agente da autoridade de trânsito, mediante sinais sonoros ou gestos; *III - Ao aproximar-se da guia da calçada (meio-fio) ou acostamento;* *IV - Ao aproximar-se de ou passar por interseção não sinalizada;* *V- Nas vias rurais cuja faixa de domínio não esteja cercada;*	Grave	5	Multa de R$ 120.

INFRAÇÃO	TIPO	PONTUAÇÃO	PUNIÇÃO
VI - Nos trechos em curva de pequeno raio; VII - Ao aproximar-se de locais com advertência de obras ou trabalhadores na pista; VIII - Sob chuva, neblina, cerração ou ventos fortes; IX - Quando houver má visibilidade; X - Quando o pavimento se apresentar escorregadio, defeituoso ou avariado; XI - À aproximação de animais na pista; XII - Em declive; XIII - Ao ultrapassar ciclista.	Grave	5	Multa de 120 Ufirs.

INFRAÇÃO	TIPO	PONTUAÇÃO	PUNIÇÃO
XIV – Nas proximidades de escolas, hospitais, estações de embarque e desembarque de passageiros ou onde haja intensa movimentação de pedestres.	Gravíssima	7	Multa de 180 Ufirs.
Art. 221 – *Portar no veículo placas de identificação em desacordo com as especificações e modelos estabelecidos pelo Contran. Parágrafo único: incide na mesma penalidade aquele que confecciona, distribui ou coloca, em veículo próprio ou de terceiros, placas de identificação não autorizadas pela regulamentação.*	Média	4	Multa de 80 Ufirs, retenção do veículo para regularização e apreensão das placas irregulares.

INFRAÇÃO	TIPO	PONTUAÇÃO	PUNIÇÃO
Art. 222 – *Deixar de manter ligado, nas situações de atendimento de emergência, o sistema de iluminação vermelha intermitente dos veículos de polícia, de socorro de incêndio e salvamento, de fiscalização de trânsito e das ambulâncias, ainda que parados.*	Média	4	Multa de 80 Ufirs.
Art. 223 – *Transitar com o farol desregulado ou com o facho de luz alta de forma a perturbar a visão de outro condutor.*	Grave	5	Multa de 120 Ufirs e retenção do veículo para regularização.
Art. 224 – *Fazer uso do facho de luz alta dos faróis em vias providas de iluminação pública.*	Leve	3	Multa de 50 Ufirs.

INFRAÇÃO	TIPO	PONTUAÇÃO	PUNIÇÃO
Art. 225 – *Deixar de sinalizar a via, de forma a prevenir os demais condutores e, à noite, não manter acesas as luzes externas ou omitir-se quanto a providências necessárias para tornar visível o local, quando:* *I - tiver de remover o veículo da pista de rolamento ou permanecer no acostamento;* *II - a carga for derramada sobre a via e não puder ser retirada imediatamente.*	Grave	5	Multa de 120 Ufirs.
Art. 226 – *Deixar de retirar todo e qualquer objeto que tenha sido utilizado para sinalização temporária da via.*	Média	4	Multa de 80 Ufirs.

INFRAÇÃO	TIPO	PONTUAÇÃO	PUNIÇÃO
Art. 227 – *Usar buzina:* *I - em situação que não a de simples toque breve como advertência ao pedestre ou a condutores de outros veículos;* *II - prolongada e sucessivamente a qualquer pretexto;* *III - entre as 22 e 6h;* *IV - em locais e horários proibidos pela sinalização;* *V - em desacordo com os padrões estabelecidos pelo Contran.*	Leve	3	Multa de 50 Ufirs.
Art. 228 – *Usar no veículo equipamento com som em volume ou freqüência que não sejam autorizados pelo Contran.*	Grave	5	Multa de 120 Ufirs e retenção do veículo para regularização.

INFRAÇÃO	TIPO	PONTUAÇÃO	PUNIÇÃO
Art. 229 – *Usar indevidamente no veículo aparelho de alarme ou que produza sons e ruído que perturbem o sossego público, em desacordo com normas fixadas pelo Contran.*	Média	4	Multa de 80 Ufirs, apreensão e remoção do veículo.
Art. 230 – *Conduzir o veículo:* *I - com o lacre, a inscrição do chassi, o selo, a placa ou qualquer outro elemento de identificação do veículo violado ou falsificado;* *II - transportando passageiros em compartimento de carga, salvo por motivo de força maior, com permissão da autoridade competente e na forma estabelecida pelo Contran;*	Gravíssima	7	Multa de 180 Ufirs, apreensão e remoção do veículo.

INFRAÇÃO	TIPO	PONTUAÇÃO	PUNIÇÃO
III - com dispositivo anti-radar; *IV - sem qualquer uma das placas de identificação;* *V - que não esteja registrado e devidamente licenciado;* *VI - com qualquer uma das placas de identificação sem condições de legibilidade e visibilidade.*	Gravíssima	7	Multa de 180 Ufirs, apreensão e remoção do veículo.
VII - com a cor ou característica alterada; *VIII - sem ter sido submetido à inspeção de segurança veicular, quando obrigatória;* *IX - sem equipamento obrigatório ou estando este ineficiente ou inoperante;*	Grave	5	Multa de 120 Ufirs e retenção do veículo para regularização.

INFRAÇÃO	TIPO	PONTUAÇÃO	PUNIÇÃO
X - com equipamento obrigatório em desacordo com o estabelecido pelo Contran; *XI - com descarga livre ou silenciador de motor de explosão defeituoso, deficiente ou inoperante;* *XII - com equipamento ou acessório proibido;* *XIII - com o equipamento do sistema de iluminação e de sinalização alterados;* *XIV - com registrador instantâneo inalterável de velocidade e tempo viciado ou defeituoso, quando houver exigência desse aparelho;*	Grave	5	Multa de 120 Ufirs e retenção do veículo para regularização.

INFRAÇÃO	TIPO	PONTUAÇÃO	PUNIÇÃO
XV - com inscrições, adesivos, legendas e símbolos de caráter publicitário afixados ou pintados no pára-brisa e em toda a extensão da parte traseira do veículo, excetuadas as hipóteses previstas neste código; *XVI - com vidros total ou parcialmente cobertos por películas refletivas ou não, painéis decorativos ou pinturas;* *XVII - com cortinas ou persianas fechadas, não autorizadas pela legislação;* *XVIII - em mau estado de conservação, comprometendo a segurança, ou reprovado na avaliação de inspeção de segurança e de emissão de poluentes e ruído, prevista no art. 104;* *XIX - sem acionar o limpador de pára-brisa sob chuva.*	Grave	5	Multa de 120 Ufirs e retenção do veículo para regularização.

INFRAÇÃO	TIPO	PONTUAÇÃO	PUNIÇÃO
XX - sem portar a autorização para condução de escolares, na forma estabelecida no art. 136.	Grave	5	Multa de 120 Ufirs e apreensão do veículo.
XXI - de carga, com falta de inscrição da tara e demais inscrições previstas neste código; XXII - com defeito no sistema de iluminação, de sinalização ou com lâmpadas queimadas.	Média	4	Multa de 80 Ufirs.
Art. 231 – *Transitar com veículo:* I - *danificando a via, suas instalações e equipamentos;* II - *derramando, lançando ou arrastando sobre a via:*	Gravíssima	7	Multa de 180 Ufirs e retenção do veículo para regularização.

INFRAÇÃO	TIPO	PONTUAÇÃO	PUNIÇÃO
a) carga que esteja transportando; b) combustível ou lubrificante que esteja utilizando; c) qualquer objeto que possa acarretar risco de acidente.	Gravíssima	7	Multa de 180 Ufirs e retenção do veículo para regularização.
III - produzindo fumaça, gases ou partículas em níveis superiores aos fixados pelo Contran; IV - com suas dimensões ou de sua carga superiores aos limites estabelecidos legalmente ou pela sinalização, sem autorização.	Grave	5	Multa de 120 Ufirs e retenção do veículo para regularização.
V - com excesso de peso, admitido percentual de tolerância quando aferido por equipamento, na forma a ser estabelecida pelo Contran.	Média	4	Multa de 80 Ufirs acrescida a cada 200kg ou fração de excesso de peso apurado, constante na seguinte tabela:

INFRAÇÃO	TIPO	PONTUAÇÃO	PUNIÇÃO
			a) até 600kg: R$5. b) de 601kg a 800kg: R$10. c) de 801 kg a 1.000kg: R$20. d) de 1.001 kg a 3.000kg: R$30 e) de 300kg a 5.000kg: R$40 f) acima de 5.000kg: R$50. Além da multa, retenção do veículo e transbordo da carga excedente.
VI - *em desacordo com autorização especial, expedida pela autoridade competente para transitar com dimensões excedentes, ou quando a mesma estiver vencida.*	Grave	5	Multa de 120 Ufirs, apreensão e remoção do veículo.

INFRAÇÃO	TIPO	PONTUAÇÃO	PUNIÇÃO
VII - com lotação excedente; *VIII - efetuando transporte remunerado de pessoas ou bens, quando não for licenciado para esse fim, salvo casos de força maior ou com permissão da autoridade competente;* *IX - desligado ou desengrenado, em declive.*	Média	4	Multa de 80 Ufirs e retenção do veículo.
X - excedendo a capacidade máxima de tração. *Parágrafo único. Sem prejuízo das multas previstas nos incisos V e X, o veículo de transbordo que transitar com excesso de peso ou excedendo a capacidade máxima de tração, não computando o*	De Média a Gravíssima a depender da relação entre o excesso de peso apurado e a capacidade máxima de tração a ser regulamentada pelo Contran.	4, 5 ou 7	Multa de 80 Ufirs a 180 Ufirs com retenção do veículo e transbordo de carga excedente.

INFRAÇÃO	TIPO	PONTUAÇÃO	PUNIÇÃO
percentual tolerado na forma do disposto na legislação, somente poderá continuar viagem após descarregar o que exceder, segundo critérios estabelecidos na referida legislação complementar.			
Art. 232 – *Conduzir veículo sem os documentos de porte obrigatório referidos neste Código.*	Leve	3	Multa de 50 Ufirs e retenção do veículo até apresentação do documento.
Art. 233 – *Deixar de efetuar o registro no prazo de trinta dias, junto ao órgão executivo de trânsito, ocorridas as hipóteses previstas no art. 123.*	Grave	5	Multa de 120 Ufirs e retenção do veículo para regularização.

INFRAÇÃO	TIPO	PONTUAÇÃO	PUNIÇÃO
Art. 234 – *Falsificar ou adulterar documento de habilitação e de identificação do veículo.*	Gravíssima	7	Multa de 180 Ufirs, remoção e apreensão do veículo.
Art. 235 – *Conduzir pessoas, animais ou carga nas partes externas do veículo, salvo nos casos devidamente autorizados.*	Grave	5	Multa de 120 Ufirs e retenção do veículo para transbordo.
Art. 236 – *Rebocar outro veículo com cabo flexível ou corda, salvo em casos de emergência.*	Grave	5	Multa de 120 Ufirs e retenção do veículo para transbordo.
Art. 237 – *Transitar com o veículo em desacordo com as especificações, e com falta de inscrição e simbologia necessárias à sua identificação, quando exigidas pela legislação.*	Grave	5	Multa de 120 Ufirs e retenção do veículo até a regularização.

INFRAÇÃO	TIPO	PONTUAÇÃO	PUNIÇÃO
Art. 238 – *Recusar-se a entregar à autoridade de trânsito ou a seus agentes, mediante recibo, os documentos de habilitação de registro, de licenciamento de veículo e outros exigidos por lei, para averiguação de sua autenticidade.*	Gravíssima	7	Multa de 180 Ufirs e apreensão do veículo.
Art. 239 – *Retirar do local veículo legalmente retido para regularização, sem permissão da autoridade competente ou de seus agentes.*	Gravíssima	7	Multa de 180 Ufirs e apreensão do veículo.
Art. 240 – *Deixar o responsável de promover a baixa do registro de veículo irrecuperável ou definitivamente desmontado.*	Grave	5	Multa de 120 Ufirs e recolhimento do licenciamento do veículo.

INFRAÇÃO	TIPO	PONTUAÇÃO	PUNIÇÃO
Art. 241 – *Deixar de atualizar o cadastro de registro do veículo ou de habilitação do condutor.*	Leve	3	Multa de 50 Ufirs.
Art. 242 – *Fazer falsa declaração de domicílio para fins de registro, licenciamento ou habilitação.*	Gravíssima	7	Multa de 180 Ufirs.
Art. 243 – *Deixar a empresa seguradora de comunicar ao órgão executivo de trânsito competente a ocorrência de perda total do veículo e de lhe devolver as respectivas placas e documentos.*	Grave	5	Multa de 120 Ufirs e recolhimento das placas e dos documentos.

INFRAÇÃO	TIPO	PONTUAÇÃO	PUNIÇÃO
Art. 244 - *Conduzir motocicleta, motoneta e ciclomotor:* *I - sem usar capacete de segurança com viseira ou óculos de proteção e vestuário de acordo com as normas e especificações aprovadas pelo Contran;* *II - transportando passageiro sem o capacete de segurança, na forma estabelecida no inciso anterior, ou fora do assento suplementar colocado atrás do condutor ou em carro lateral;* *III - fazendo malabarismo ou equilibrando-se apenas em uma roda;* *IV - com os faróis apagados;*	Gravíssima	7	Multa de 180 Ufirs, suspensão do direito de dirigir e recolhimento do documento de habilitação.

INFRAÇÃO	TIPO	PONTUAÇÃO	PUNIÇÃO
V - transportando criança menor de sete anos ou que não tenha, nas circunstâncias, condições de cuidar de sua própria segurança.	Gravíssima	7	Multa de 180 Ufirs, suspensão do direito de dirigir e recolhimento do documento de habilitação.
VI - rebocando outro veículo; *VII - sem segurar o guidom com ambas as mãos, salvo eventualmente para indicação de manobras;* *VIII - transportando carga incompatível com suas especificações;*	Média	4	Multa de 80 Ufirs.
§ * Parágrafo 1º: Para ciclos aplica-se o disposto nos incisos III, VII e VIII, além de:	Média	4	Multa de 80 Ufirs.

INFRAÇÃO	TIPO	PONTUAÇÃO	PUNIÇÃO
a) conduzir passageiro fora da garupa ou do assento especial a ele destinado; *b) transitar em vias de trânsito rápido ou rodovias, salvo onde houver acostamento ou faixas de rolamento próprias;* *c) transportar crianças que não tenham, nas circunstâncias, condições de cuidar de sua própria segurança.* § 2º: *Aplica-se aos ciclomotores o disposto na alínea b do parágrafo anterior.*	Média	4	Multa de 80 Ufirs.
Art. 245 - *Utilizar a via para depósito de mercadorias, materiais ou equipamentos, sem autorização do órgão ou entidades de trânsito com circunscrição sobre a via.*	Grave	5	Multa de 120 Ufirs e remoção da mercadoria ou do material.

INFRAÇÃO	TIPO	PONTUAÇÃO	PUNIÇÃO
Art. 246 – *Deixar de sinalizar qualquer obstáculo à livre circulação, à segurança de veículo e pedestres, tanto no leito da via terrestre quanto na calçada, ou obstaculizar a via indevidamente.* § *Parágrafo único: A penalidade será aplicada à pessoa física ou jurídica responsável pela obstrução, devendo a autoridade com circunscrição sobre a via providenciar a sinalização de emergência, às expensas do responsável, ou se possível promover a desobstrução.*	Gravíssima	7	Multa de 180 Ufirs, agravada em até cinco vezes, a critério da autoridade de trânsito, conforme o risco à segurança.
Art. 247 – *Deixar de conduzir pelo bordo da pista de rolamento, em fila única, os veículos de tração ou propulsão humana e os de tração animal, sempre que não houver acostamento ou faixa a eles destinados.*	Média	4	Multa de 80 Ufirs.

INFRAÇÃO	TIPO	PONTUAÇÃO	PUNIÇÃO
Art. 248 – *Transportar um veículo destinado ao transporte de passageiros carga excedente em desacordo com o estabelecido no art. 109.*	Grave	5	Multa de 120 Ufirs e retenção para o transbordo.
Art. 249 – *Deixar de manter acesas, à noite, as luzes de posição, quando o veículo estiver parado, para fins de embarque ou desembarque de passageiros e carga ou descarga de mercadorias.*	Média	4	Multa de 80 Ufirs.
Art. 250 – *Quando o veículo estiver em movimento:* *I - deixar de manter acesa a luz baixa:* *a) durante a noite;*	Média	4	Multa de 80 Ufirs.

INFRAÇÃO	TIPO	PONTUAÇÃO	PUNIÇÃO
b) de dia, nos túneis providos de iluminação pública; *c) de dia e de noite, tratando-se de veículo de transporte coletivo de passageiros, circulando em faixas ou pistas a eles destinadas;* *d) de dia e de noite, tratando-se de ciclomotores;* *II - deixar de manter acesas pelo menos as luzes de posições sob chuva forte, neblina ou cerração.* *III - deixar de manter a placa traseira iluminada, à noite.*	Média	4	Multa de 80 Ufirs.
Art. 251 – *Utilizar as luzes do veículo:* *I - o pisca-alerta, exceto em imobilizações ou situações de emergência;*	Média	4	Multa de 80 Ufirs.

INFRAÇÃO	TIPO	PONTUAÇÃO	PUNIÇÃO
II - baixa e alta de forma intermitente, exceto nas seguintes situações: *a) a curtos intervalos, quando for conveniente advertir a outro condutor que se tem o propósito de ultrapassá-lo;* *b) em imobilizações ou situações de emergência, como advertência, utilizando pisca-alerta;* *c) quando a sinalização de regulamentação da via determinar o uso do pisca-alerta.*	Média	4	Multa de 80 Ufirs.
Art. 252 *Dirigir o veículo:* *I - com o braço do lado de fora.*	Média	4	Multa de 80 Ufirs.

INFRAÇÃO	TIPO	PONTUAÇÃO	PUNIÇÃO
II - *transportando pessoas, animais ou volume à sua esquerda ou entre os braços e pernas.* III - *com incapacidade física ou mental temporária que comprometa a segurança do trânsito.* IV - *usando calçado que não se firme nos pés ou que comprometa a utilização dos pedais.* V - *com apenas uma das mãos, exceto quando deva fazer sinais regulamentares de braço, mudar a marcha do veículo, ou acionar equipamentos e acessórios do veículo.* VI - *utilizando-se de fones nos ouvidos, conectados à aparelhagem sonora ou de telefone celular.*	Média	4	Multa de 80 Ufirs.

INFRAÇÃO	TIPO	PUNIÇÃO
Art. 253 – *Bloquear a via com veículo.*	Gravíssima	Multa de 180 Ufirs, apreensão e remoção do veículo.
Art. 254 – *É proibido ao pedestre:* *I - permanecer ou andar nas pistas de rolamento, exceto para cruzá-las onde for permitido.* *II - cruzar pistas de rolamento nos viadutos, pontes, ou túneis, salvo onde exista permissão.* *III - atravessar a via dentro das áreas de cruzamento, salvo quando houver sinalização para esse fim.*	Leve	Multa de 25 Ufirs.

INFRAÇÃO	TIPO	PUNIÇÃO
IV - utilizar-se da via em agrupamentos capazes de perturbar o trânsito, ou para a prática de qualquer folguedo, esporte, desfiles e similares, salvo em casos especiais e com a devida licença da autoridade competente. *V - andar fora da faixa própria, passarela, passagem aérea ou subterrânea.* *VI - desobedecer à sinalização de trânsito específica.*	Leve	Multa de 25 Ufirs.
Art. 255 – *Conduzir bicicleta em passeios onde não seja permitida a circulação desta, ou de forma agressiva, em desacordo com o disposto no parágrafo único do art. 59.*	Média	Multa de 80 Ufirs e remoção da bicicleta, mediante recibo para pagamento da multa.

Anexo II

Bicicletas
e
Pedestres

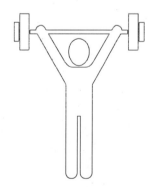

Bicicletas e Pedestres no Novo Código de Trânsito Brasileiro

Art. 58. Nas vias urbanas e nas rurais de pista dupla, a circulação de bicicletas deverá ocorrer, quando não houver ciclovia, ciclofaixa, ou acostamento, ou quando não for possível a utilização destes, nos bordos da pista de rolamento, no mesmo sentido de circulação regulamentado para a via, com preferência sobre os veículos automotores.

Parágrafo único. A autoridade de trânsito com circunscrição sobre a via poderá autorizar a circulação de bicicletas no sentido contrário ao fluxo dos veículos automotores, desde que dotado o trecho com ciclofaixa.

Art. 59. Desde que autorizado e devidamente sinalizado pelo órgão ou entidade com circunscrição sobre a via, será permitida a circulação de bicicletas nos passeios.

Art. 68. É assegurada ao pedestre a utilização dos passeios ou passagens apropriadas das vias urbanas e dos acostamentos das vias rurais para circulação, podendo a autoridade competente permitir a utilização de parte da calçada para outros fins, desde que não seja prejudicial ao fluxo de pedestres.

§ 1º O ciclista desmontado empurrando a bicicleta equipara-se ao pedestre em direitos e deveres.

§ 2º Nas áreas urbanas, quando não houver passeios ou quando não for possível a utilização destes, a circulação de pedestres na pista de rolamento será feita com prioridade sobre os veículos, pelos bordos da pista, em fila única, exceto em locais proibidos pela sinalização e nas situações em que a segurança ficar comprometida.

§ 3º Nas vias rurais, quando não houver acostamento ou quando não for possível a utilização dele, a circulação de pedestres, na pista de rolamento, será feita com prioridade sobre os veículos, pelos bordos da pista, em fila única, em sentido contrário ao deslocamento de veículos, exceto em locais proibidos pela sinalização e nas situações em que a segurança ficar comprometida.

§ 5º Nos trechos urbanos de vias rurais e nas obras de arte a serem construídas, deverá ser previsto passeio destinado à circulação dos pedestres, que não deverão, nessas condições, usar o acostamento.

§ 6º Onde houver obstrução da calçada ou da passagem para pedestres, o órgão ou entidade com circunscrição sobre a via deverá assegurar a devida sinalização e proteção para circulação de pedestres.

Art. 69. Para cruzar a pista de rolamento o pedestre tomará precauções de segurança, levando em conta, principalmente, a visibilidade, a distância e a velocidade dos veículos, utilizando sempre as faixas ou passagens a ele destinadas sempre que estas existirem numa distância de até cinqüenta metros dele, observadas as seguintes disposições:

I - onde não houver faixa ou passagem, o cruzamento da via deverá ser feito em sentido perpendicular ao seu eixo;

II - para atravessar uma passagem sinalizada para pedestres ou delimitada por marcas sobre a pista;

a) onde houver foco de pedestres, obedecer às indicações das luzes;

b) onde não houver foco de pedestres, aguardar que o semáforo ou agente de trânsito interrompa o fluxo de veículos;

III - nas interseções e em suas proximidades, onde não existam faixas de travessia, os pedestres devem atravessar a via na continuação da calçada, observadas as seguintes normas:

a) não deverão adentrar na pista sem antes se certificar de que podem fazê-lo sem obstruir o trânsito de veículos;

b) uma vez iniciada a travessia de uma pista, os pedestres não deverão aumentar o seu percurso, demorar-se ou parar sobre ela sem necessidade.

Art. 70. Os pedestres que estiverem atravessando a via sobre as faixas delimitadas para esse fim terão prioridade de passagem, exceto nos locais com sinalização semafórica, onde deverão ser respeitadas as disposições deste Código.

Parágrafo único. Nos locais em que houver sinalização semafórica de controle de passagem será dada preferência aos pedestres que não tenham concluído a travessia, mesmo em caso de mudança do semáforo liberando a passagem dos veículos.

Art. 71. O órgão ou entidade com circunscrição sobre a via manterá, obrigatoriamente, as faixas e passagens de pedestres em boas condições de visibilidade, higiene, segurança e sinalização.

Art. 105. São equipamentos obrigatórios dos veículos, entre outros a serem estabelecidos pelo CONTRAN:

VI - para as bicicletas, a campainha, sinalização noturna dianteira, traseira, lateral e nos pedais, e espelho retrovisor do lado esquerdo.

Este livro acaba de ser composto em Garamond,
Geometr 231 lt bt e Futura lt bt para a Musa Editora,
em maio de 1999 e impresso pela Gráfica Espaço Vida &
Consciência, em São Paulo, SP-Brasil, com filmes
fornecidos pelo Editor.